AF498050

es Progrès récents
dans
l'Industrie du Verre

PAR

M. Albert GRANGER

Professeur à l'École d'Application de la Manufacture nationale de Sèvres

BIBLIOTHÈQUE
DU
MOIS SCIENTIFIQUE ET INDUSTRIEL
Vᵛᵉ Ch. DUNOD, Éditeur
49, Quai des Grands-Augustins
PARIS

Direction : 8, rue Nouvelle, Paris (9⁰)

Téléph. 316-20.
Adr. télégr. : Msi-Paris

COMITÉ DE PATRONAGE DU M. S. I.

† M. B. ABDANK-ABAKANOWICZ, ingénieur-conseil.
M. le professeur E. ARNOLD (Allemagne).
M. le docteur D'ARSONVAL, de l'Institut, professeur au Collège de France.
M. Henri BECQUEREL, membre de l'Institut.
M. André BLONDEL, ingénieur des Ponts et Chaussées, prof. à l'Ecole nationale des Ponts et Chaussées
M. le professeur BRANLY.
M. Adolphe CARNOT, membre de l'Institut, Inspecteur général des Mines.
M. Jules CARPENTIER, président de l'Association française pour l'avancement des sciences.
M. le professeur COLOMBO, président de l'Association électro-technique italienne.
M. DAVANNE, président de la Société française de Photographie.
M. Marcel DEPREZ, membre de l'Institut, professeur au Conservatoire des Arts et Métiers.
M. le professeur DU BOIS (Hollande).
M. C. M. GARIEL, membre de l'Académie de Médecine, professeur à l'Ecole de Médecine.
M. Eric GÉRARD, directeur de l'Institut électro-technique Montefiore, Liége (Belgique).
M. HATON DE LA GOUPILLÈRE, membre de l'Institut.
M. M. HUTIN, ingénieur des Ponts et Chaussées.
L'INSTITUT INTERNATIONAL DE BIBLIOGRAPHIE, de Bruxelles.
M. Paul JANET, directeur de l'Ecole supérieure d'Electricité.
M. le professeur Gisbert KAPP (Allemagne).
Lord KELVIN (Sir W. THOMSON).
M. le professeur docteur KITTLER (Allemagne).
M. Ch. LAUTH, directeur de l'Ecole de Physique et Chimie industrielles de Paris.
M. LÉAUTÉ, membre de l'Institut.
M. Maurice LEBLANC, à Paris.
M. Michel LEVY, président de la Commission des laboratoires d'essai du Conservatoire des Arts et Métiers
M. G. LIPPMANN, membre de l'Institut, professeur à la Faculté des Sciences de Paris.
M. J. MAREY, membre de l'Institut.
M. MASCART, membre de l'Institut, professeur au Collège de France.
M. MONNIER, professeur à l'Ecole centrale des Arts et Manufactures.
M. de NERVILLE, ingénieur des Postes et Télégraphes.
M. A. POTIER, membre de l'Institut, professeur à l'Ecole nationale des Mines.
M. le GÉNÉRAL SEBERT, membre de l'Institut.
M. le professeur C.-P. STEINMETZ (Etats-Unis d'Amérique).
M. le professeur Elihu THOMSON (Etats-Unis).
M. TISSERAND, directeur honoraire de l'agriculture, conseiller d'Etat.
M. VIOLLE, membre de l'Institut.
M. le professeur H.-F. WEBER (Suisse).
M. le professeur ZICKLER (Autriche-Hongrie).

COMITÉ DE FONDATION DU M. S. I.

† M. ABDANK-ABAKANOWICZ, ingénieur-conseil.
M. BERNARD, ingénieur aux établissements Kulmann.
M. Ch. BURTON, ingénieur-électricien.
M. BARDON, ingénieur-électricien.
MM. BLANZY-POURE et Cⁱᵉ.
M. BOLLAERT, ingénieur des mines.
M. Adolphe CARNOT, membre de l'Institut.
MM. CHAUVIN et ARNOUX, constructeurs-électriciens.
COMPAGNIE GÉNÉRALE DE CONSTRUCTIONS ÉLECTRIQUES.
COMPAGNIE GÉNÉRALE DES PRODUITS CHIMIQUES DU MIDI.
M. W. DE CONINCK, professeur de chimie à l'Université de Montpellier.
MM. les fils de A. DEUTSCH, de la Meurthe.
M. FLEURY DE LESSEPS, industriel à Bordeaux.
M. Eric GERARD, Dʳ de l'Institut Montefiore de Liége.
M. Hippolyte FONTAINE, ingénieur-conseil.
M. C.-M. GARIEL, membre de l'Académie de Médecine.
M. Alexandre GRAMMONT, constructeur-électricien.
M. HATON DE LA GOUPILLÈRE, membre de l'Institut.
M. ITIER, ingénieur-chimiste.
M. JAVAUX, administrateur de la Société Gramme.
M. E. LABOUR, ingénieur-électricien.
M. Aug. LALANCE, administrateur délégué du Secteur de Clichy.
M. LANDRIN, fabricant de sucre.
M. Ch. LAUTH, directeur de l'Ecole de physique et de chimie industrielles de Paris.
M. LÉAUTÉ, administrateur de la Société Industrielle des Téléphones.
M. L. LE CHATELIER, président du Conseil d'administration de la Société des anciens établissements Cail
M. LIPPMANN, membre de l'Institut.
M. A. LUMIÈRE et ses fils, de Lyon.
M. MAREY, membre de l'Institut.
MM. MENIER, ingénieurs-électriciens.
M. Ferdinand MEYER, Dʳ du Secteur Edison.
MM. PARVILLÉE frères, constructeurs-céramistes.
MM. PLEYEL, WOLF, LYON & Cⁱᵉ.
M. A. POTIER, membre de l'Institut.
MM. RADIGUET et MASSIOT, constructeurs, opticiens, électriciens.
M. J. RICHARD, constructeur.
MM. SAUTTER et HARLÉ, constructeurs-électriciens.
M. Ed. SAUVAGE, ingénieur en chef des Mines.
Société des établissements WEYHER et RICHEMONT.
Société des Hauts Fourneaux, Forges et Aciéries du SAUT-DU-TARN.
M. SERNET-SOLVAY, de Bruxelles.
M. E. SOLVAY, de Bruxelles.
M. SOSNOWSKI, administrateur de la Société de Laval.
M. TOBLER, professeur à l'Ecole Polytechnique de Zurich.
M. VIOLLE, membre de l'Institut.
M. Lazare WEILLER.

Monographies

DU

MOIS SCIENTIFIQUE & INDUSTRIEL

———— ⸎ ————

Un grand nombre de lecteurs, nous demandent de faire paraître plus souvent des " Monographies *".*

Il ne nous est pas possible jusqu'à présent de répondre à ce désir, malgré tout le succès que nous rencontrons.

Nous tenons, en effet, essentiellement *à ne pas diviser nos efforts et à apporter le plus grand soin à ces "* Monographies *" pour lesquelles nous revoyons jusqu'à **7** fois les épreuves.*

La Bibliographie qui les accompagne nécessite un travail considérable de la part de notre " Rédaction *" pour compléter les notes de l'auteur.*

Nous tenons à ce que ces indications soient rédigées d'une façon nette et précise, et non pas abrégées, comme on a le tort de le faire généralement.

En un mot, ces " Etudes *" qui demandent au moins 4 mois de préparation sont surtout destinées à enrichir la littérature scientifique française d'un résumé concis et pratiquement conçu des travaux publiés dans le monde entier sur une question.*

Nous devons reconnaître que le succès considérable que nous avons obtenu, et qui a dépassé de beaucoup nos espérances, est pour nous un précieux encouragement.

La Direction

Du Mois Scientifique & Industriel.

COLLABORATION

Les offres de collaboration qui nous sont venues de nos lecteurs nous ont obligés à entretenir une correspondance assez longue avec quelques-uns d'entre eux avant d'apprécier nettement l'utilité que leur concours pouvait avoir.

Une telle offre doit naturellement donner les indications de titre, profession, connaissances techniques et linguistiques, etc , qu'il nous est indispensable de connaître. Les lecteurs désireux de collaborer peuvent les indiquer dans le bulletin ci-joint, qui devra nous être retourné.

DEMANDE DE COLLABORATION : 8, Rue Nouvelle

PARIS, 9ᵉ

Je soussigné ....

demeurant : ....

Titres : ....

Profession ....

désire analyser des travaux sur : ....

Je suis particulièrement documenté sur les questions pratiques suivantes : ....

Je suis disposé à analyser régulièrement et complètement les revues suivantes : (*) ....

et je puis me procurer facilement les revues suivantes : ....

Langues vivantes ....

Date ....

Signature,

* *Indiquer a cet endroit la ou les publications que l'on serait disposé a analyser regulièrement.*

Avantages de la collaboration :

1ᵉ Une carte de rédacteur donnant certains droits.
2º Le service gratuit de la publication.
3º Après une collaboration de quelques mois ils sont inscrits au Bureau Technique.
4º La publicité est mise gracieusement à la disposition des collaborateurs, etc.

PROGRÈS RÉCENTS

DANS L'INDUSTRIE DU VERRE

Par M. Albert Granger,

Docteur ès sciences,
Professeur à l'École d'application de la Manufacture nationale
de Sèvres,
Chargé de conférences à l'École de physique et de chimie
industrielles de la Ville de Paris.

La verrerie, quoique faisant partie des arts chimiques tout comme la céramique, une industrie sœur, met à contribution diverses branches des connaissances humaines, et l'ingénieur devra y jouer, à côté du chimiste, un rôle important. Les moyens d'obtenir le verre et de le façonner, c'est-à-dire les procédés qu'il faut suivre pour que, une fois le type chimique du verre qu'il s'agit d'établir trouvé, on puisse transformer le mélange des matières premières en verre et, ce verre obtenu, l'amener à la forme désirée, ont subi de continuelles transformations. Constamment l'on a cherché à modifier et, par suite des progrès réalisés, on est arrivé actuellement à fabriquer des objets qui sont encore des sujets d'étonnement pour ceux qui se trouvent à même de se rendre compte des difficultés vaincues.

Comme le titre de cette notice l'indique, nous allons jeter un coup d'œil sur les innovations apportées à la fin du XIXe siècle et pendant les premières années du XXe siècle. La place qui nous est accordée pour ce travail nous oblige à nous restreindre aux progrès qui nous ont semblé les plus intéressants en nous limitant à la technique générale du verre, c'est-à-dire principalement aux appareils de chauffage et aux procédés de façonnage.

I. — Fours

Les premiers fours de verrerie étaient des fours à creusets chauffés au bois ; on a ensuite adopté le charbon, puis le gaz de gazogène, le pétrole. Actuellement nous assistons à l'entrée en scène du four électrique.

Boétius, un des premiers, eut l'idée d'une utilisation méthodique du charbon. Son appareil (1), que nous ne reproduirons pas, car il est ancien pour nous,

---

(1) Voir Péligot, *le Verre*, Masson, Paris, p. 107 ; Tscheuchsner, *Handbuch der Glasfabrikation*, Vogt, Weimar, 1885, p. 272 ; R. Dralle, *Anlage und Betrieb der Glasfabriken*, Baumgärtner, Leipzig, 1886, p. 10 ; Henrivaux, *le Verre et le Cristal*, Dunod, Paris, 1897, p. 237.

est disposé pour permettre l'échauffement de l'air destiné à la combustion et le parfait mélange des gaz. Il est encore en usage. La combustion incomplète de la houille fournit des gaz qui sont brûlés par de l'air qui arrive à une température plus élevée que celle de l'air ambiant, après avoir traversé des carneaux ménagés dans la maçonnerie. Cet air s'échauffe en refroidissant les sièges du four qu'il préserve ainsi. Ce système simple et rationnel a rencontré un succès mérité ; on voit qu'il contient, avec une disposition un peu différente, les éléments de la récupération que l'on effectue dans d'autres appareils.

Le four de Boétius a été perfectionné par M. Léon Appert. Au moyen de chicanes placées le long des parois verticales des foyers et dans le damier disposé sous le siège du four, on fait parcourir à l'air un long circuit dans les parties chaudes. Ce dispositif permet de porter l'air nécessaire à la combustion, à une température de 5 à 600°. C'est un avantage qui se traduit par une économie de combustible allant de 10 à 15 %.

Mais ce n'est que dans le four de Siemens que l'on voit apparaître nettement la préoccupation d'obtenir une bonne combustion et d'utiliser la chaleur perdue.

On substitue à l'action directe du combustible celle des produits résultant de sa combustion incomplète. On brûle alors un combustible gazeux, résultant de la gazéification de la houille, et constitué par de l'oxyde de carbone et de l'hydrogène plus ou moins carburé. Avec un combustible de ce genre et une entrée d'air convenable, on peut obtenir une combustion complète et régulière, par suite de la facilité avec laquelle se mélangent le gaz comburant et le gaz combustible.

Fours au gaz. — L'essai du gaz comme combustible pour chauffer les fours de verrerie fut fait en Saxe, à Zwickau, par Fickentscher dans les premières années qui suivirent 1850 (1). Pour remédier aux difficultés que présentait l'emploi de la houille, encore peu utilisée pour le chauffage des fours, il eut l'idée de supprimer le foyer à grille de son four et d'utiliser la houille à la production de gaz combustible. Plus tard Schinz (2) perfectionna le système, mais c'est surtout Ch. W. Siemens qui mit le mieux la question au point. Son brevet (49.068), pris en 1861, porte sur un système de fours régénérateurs à gaz. Le gaz de combustion est préparé dans des appareils séparés, et l'auteur émet l'idée, fondamentale dans la pratique : *faire servir la chaleur, perdue avec les gaz qui s'échappent dans les cheminées, à réchauffer l'air atmosphérique, destiné à alimenter la combustion, et les gaz qui forment le combustible.* On interpose entre le four et la cheminée un récupérateur, c'est-à-dire une chambre cloisonnée avec des briques, qui s'échauffera et qui servira, une fois portée à une température convenable, au chauffage du gaz. Avec deux récupérateurs commandés par un jeu de soupapes, on comprend qu'il est possible d'établir un fonctionnement continu. L'un d'eux se réchauffe pendant que l'autre sert à chauffer les gaz. C'est à Siemens que l'on est redevable de l'établissement du prototype du four à gaz de gazogène à récupérateur (3).

Ce four a subi divers perfectionnements, amenant des modifications dans sa forme primitive. Divers auteurs se sont inspirés du four de Siemens ; on trouvera particulièrement dans l'ouvrage de Tscheuchsner, que nous venons de citer, d'intéressantes descriptions accompagnées de dessins relatifs aux différents modèles de fours qui en dérivent (Gröbe-Lürmann, Pütsch, Nehse, Emmel, etc.). On peut consulter aussi Stegmann (4) à ce sujet.

Le chauffage au gaz s'est répandu relativement rapidement : déjà en 1877, d'après Stegmann, sur 600 fours existant en Allemagne on ne comptait plus qu'une petite moitié, comprenant 264 fours, encore chauffée avec un foyer direct.

(1) Bontemps, *Guide du verrier*, Librairie du dictionnaire des arts et manufactures, Paris, 1868, p. 159.
(2) Tscheuchsner, *Handbuch der Glasfabrikation*, p. 257.
(3) Bontemps, *Guide du verrier*, p. 162, et Benrath, *Die Glasfabrikation*, Voigt, Brunswick, 1885, p. 153, qui donne la littérature sur ce four.
(4) *Gasfeuerung und Gasofen*, Springer, Berlin, 1881.

Sur les 336 fours à gaz 208 étaient du système Siemens, 22 du système Nehse, 21 du système Pütsch, 7 du système Siébert. Une fraction importante, 67, appartenait au type Boétius que l'on peut considérer comme un passage du four à foyer direct au four à gazogène. Les fours de Schinz étaient au nombre de 7, le reste était formé d'appareils dus à des inventeurs divers.

Henrivaux (1) indique le chauffage par combustible solide comme ayant presque disparu actuellement.

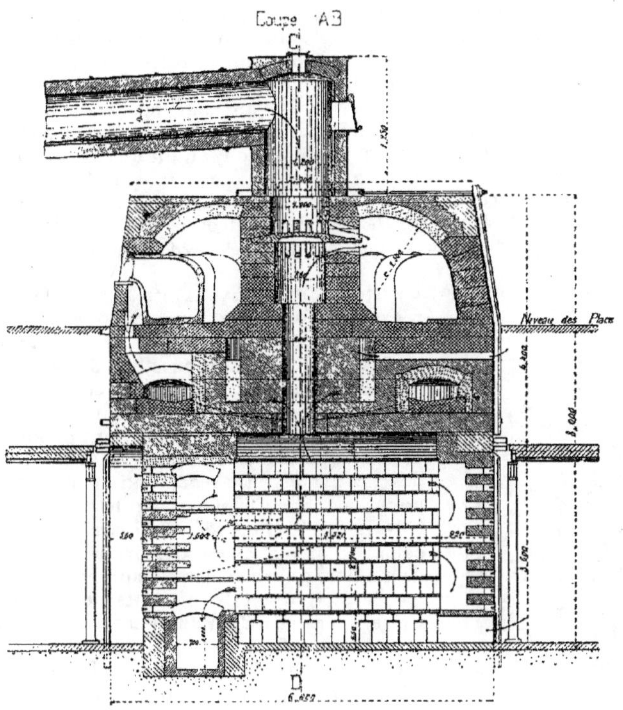

Fig. 1. — Four Derval.

Le gazogène de Siemens a été perfectionné par l'inventeur lui-même, et le modèle actuellement utilisé est très satisfaisant au point de vue du rendement. D'autres inventeurs sont venus apporter leurs modifications au type original, et chaque four nouveau qui paraît est presque toujours accompagné d'un gazogène disposé d'une manière spéciale. En ce moment l'appareil sur lequel l'attention est le plus portée est le gazogène de Wilson, qui est du type « gazogène soufflé ».

La cuve de ce gazogène est tronconique et renferme du charbon que des hélices en fonte, manœuvrées extérieurement, peuvent remuer afin d'empêcher l'encrassage qui, sans cela, serait très rapide. L'air arrive sous pression et entraîne avec lui de la vapeur d'eau, de sorte que le gaz formé renferme de l'hydrogène.

Comme dispositif original proposé on peut mentionner celui de Faugé (2). Le foyer est placé à la partie supérieure du gazogène qui fonctionne alors à com-

(1) *La Verrerie au XXᵉ siècle*, p. 27, Bernard et Cie, 1903, Paris.
(2) Voir Jules DESCHAMP, *les Gazogènes*, 1902, Dunod.

bustion renversée. Le combustible, supporté par une grille rotative (1), ne brûle qu'à la partie supérieure, de sorte que la grille n'est en contact qu'avec du combustible relativement peu chaud (2).

En dehors du gaz artificiel de gazogène produit par la combustion incomplète du carbone, on a essayé de chauffer des fours de verrerie avec le chalumeau oxhydrique. Cette solution peut sembler extraordinaire; dans la situation où se trouvait la verrerie italienne où eurent lieu ces essais, c'est-à-dire voisine de chutes d'eau, la production électrolytique des gaz provenant de la décomposition de l'eau était d'un faible prix de revient. Cette usine (3) a cessé de fonctionner à la suite de difficultés où la technique ne jouait aucun rôle.

On fait une distinction quelquefois dans les différents dispositifs adoptés pour l'utilisation méthodique de la chaleur perdue au chauffage de l'air et des gaz combustibles. Dans les fours où, comme dans celui de Siemens, on travaille avec une flamme changée alternativement de direction, on dit qu'il y a *récupération*. Les appareils, comme ceux que nous allons citer plus loin, qui n'ont pas de changement à effectuer périodiquement et dont la flamme marche toujours dans le même sens, sont dits à *régénérateurs*. Les gaz froids sont canalisés dans des conduits chauffés extérieurement par les flammes perdues et se réchauffent à leurs dépens.

Comme exemple de four de ce système nous pouvons citer le four Derval (fig. 1).

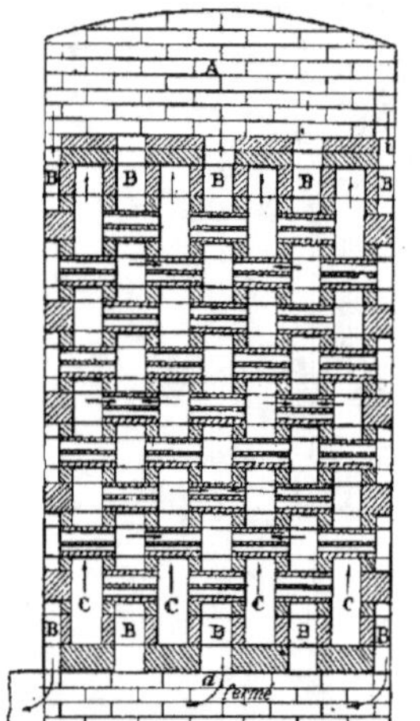

Fig. 2. — Régénérateur de chaleur du four Ponsard.

C'est un four rond, muni d'une colonne centrale, qu'entourent les pots. Le brûleur est protégé contre la chute possible du verre par des poches à verre placées dans les conduits de fumée avant l'entrée du récupérateur. La conduite amenant le gaz est extérieure et vient déboucher à la partie supérieure du four au-dessus de l'arrivée des gaz chauds. La régénération n'a lieu ici que pour l'air, elle s'effectue par le passage de l'air à travers des briques réfractaires creuses percées de canaux rectangulaires. Ces briques sont disposées de manière à former des canaux horizontaux dans lesquels circulent les produits de la combustion. Ce régénérateur, dit Radot-Lencauchez, a une surface de chauffe de 12 m² par mètre cube.

Dans le régénérateur du four Ponsard (4) on a adopté une construction un peu différente (fig. 2) ; la surface de chauffe est plus grande puisqu'elle est de 23 m. q. par mètre cube. Les gaz brûlés passent dans des conduits B qui entourent d'autres conduits C que traverse l'air à réchauffer; des conduits transversaux, placés en chicane, augmentent la surface de chauffe tout en mettant en relation les conduits de réchauffement.

On évite d'employer pour la construction des briques d'un type spécial dans le four à régénérateur de Charneau. Le régénérateur est formé d'une série de conduits parallèles que traversent les flammes perdues du four et qui environnent d'autres conduits parcourus par l'air. Ce régénérateur est un peu volumineux, mais se construit avec des briques ordinaires, ce qui est un avantage.

(1) Dont l'axe est horizontal.

(2) Voir pour la description des gazogènes les auteurs déjà cités plus haut, STEGMANN, BENRATH, TSCHEUCHSNER, DRALLE, HENRIVAUX, WAGNER et FISCHER, Chimie Industrielle. Masson, éditeur. Paris, 1903, 35 fr.

(3) Cette usine, installée à Tivoli, avec les électrolyseurs Garuti, a permis de se rendre compte qu'avec une chute de 1.000 chevaux on pourrait produire, par 24 heures, 4.200 m³ de gaz oxhydrique donnant 4 t. de verre par jour. Le m³ de gaz oxhydrique revient à 0 fr. 05. La transformation de la matière brute en verre coûterait 5 centimes le kilogr. (BUFFA, *Bulletin Ingénieurs de Montefiore*, à Liège, 1902, 28 avril, t. 11, p. 339.)

(4) HENRIVAUX, *la Verrerie au XXᵉ siècle*, édité par Bernard et Cie, à Paris, 1903, p. 39 et 41.

Pour obtenir une utilisation plus avantageuse de la chaleur dans la verrerie Ruhland, on a installé, il y a quelques années, un four à creusets double, c'est-à-dire formé par deux fours accolés n'employant qu'un seul foyer. Chacun de ces fours contient 9 pots, mais le système ne prend pas plus de place qu'un four renfermant de 12 à 14 pots. La consommation de combustible a été ainsi réduite (1).

Pour la production de grandes quantités de verre le four à pots n'est plus suffisant ; il faut, dans certaines fabrications comme celle des bouteilles, produire une grande masse de verre fondu. On a résolu la question en supprimant les pots et en fondant et affinant le verre dans un grand bassin fortement chauffé.

Donzel et, après lui, Chance avaient cherché à substituer à l'ancien four un four à réverbère sur la sole duquel le mélange devait être amené à fusion. Siemens a réalisé plus tard un four, le four à bassin, dans lequel on peut effectuer la fusion, l'affinage et le travail du verre. Deux murs, traversant le bassin dans le sens de la largeur, viennent diviser ce bassin en trois parties. La première sert à la fusion du verre. Le verre fondu passe sous le premier mur et va s'affiner dans le second compartiment, puis, passant dans la troisième partie en traversant des arceaux ménagés dans le second mur, arrive dans la région du four où l'on va cueillir le verre pour le travailler. Tel est, en quelques mots, le dispositif bien connu adopté par Siemens pour son premier four.

D'après W. Schipman-Rinteln (2) on peut distinguer quatre systèmes différents dans les appareils actuellement en usage :

1º Le four Siemens ancien modèle ;

2º Le four Siemens nouveau modèle avec flamme se développant librement ;

3º Le four Lürmann ;

4º Le four Nehse-Dralle.

Tous les autres appareils dont on trouve l'indication ne sont que des variantes des types que nous venons d'énoncer.

Sous son ancienne forme le four *Siemens* est un des plus répandus dans la verrerie, parce que sa construction est simple et sa conduite relativement facile. Un chauffeur qui aurait conduit un four Siemens-Martin pourrait conduire, sans autre apprentissage, un four à bassin de Siemens. La manœuvre de l'appareil se fait sans difficulté et le service s'effectue régulièrement. Une fois l'appareil en fonction les récupérateurs sont nettoyés toutes les six semaines. À la fin de l'année il est bon de réparer les chambres et de reposer des briques neuves là où il en est besoin. Pendant cette remise en état annuelle on répare la bordure et le bassin, ce qui nécessite une interruption de travail de cinq à six jours. Ce four a l'inconvénient de ne pas permettre, dans cette réparation annuelle, de remettre en état les côtés dans lesquels sont disposés les brûleurs. Avec de l'argile on remédie tant bien que mal à l'usure, et le four peut aller, avec de l'entretien, pendant trois ou quatre années. Au bout de ce laps de temps le four a travaillé suffisamment pour nécessiter un nettoyage à fond et une réparation complète. Il faut alors effectuer un gros travail qui dure de six à huit semaines et coûte de 12.500 à 15.000 francs. Dans ces frais ne sont pas comprises les réparations annuelles ; chacune d'elles coûte entre 6.000 et 7.000 francs.

Ce four consomme par kilogramme de verre de 1,3 à 1,5 kilogramme de charbon. Les modèles courants renferment environ 50 mètres cubes de verre ; on leur donne une longueur sensiblement égale à leur largeur. Leur forme est

(1) *Sprechsaal*, édité à Cobourg, 1898, page 899.
(2) *Sprechsaal*, 1901, p. 1251 ; *Mercure Scientifique* de Paris, 1903, p. 5 ; *M. S. I*, 1902, p. 514.

celle d'un rectangle terminé à une extrémité par une partie elliptique : c'est à cette place que s'effectue le travail du verre.

On est d'avis généralement que le verre est d'autant meilleur qu'il a parcouru un plus long chemin depuis le trou de charge jusqu'aux ouvreaux où l'on puise le verre. C'est une première raison pour préférer le modèle de Siemens avec développement de flamme.

Ce dernier système est encore peu répandu, quoique sa construction soit simple. Ses dimensions s'écartent de celles adoptées pour l'ancien modèle. Il est préférable d'avoir un four étroit et long, car, avec un bassin disposé comme celui de l'ancien modèle, l'ouvrier placé près des ouvreaux est incommodé par la flamme qui lui arrive trop intense. Avec ce dispositif, conservé au début, on avait l'inconvénient d'avoir une mauvaise fusion et d'obtenir du verre trop chaud pour le travail. On donne au bassin comme longueur à peu près le double de sa largeur. Le modèle courant a de 5 m. à 5 m. 5o de largeur et une longueur de 10 mètres. Les gaz sortent à une température moins élevée que dans l'ancien système, de telle sorte que les canaux peuvent durer plus de temps sans altération. Un four de ce genre bien construit peut durer dix ans. La manœuvre, en revanche, est plus compliquée et les brûleurs ne donnent de résultats satisfaisants que s'ils sont toujours maintenus en bon état d'entretien.

Tout comme les appareils similaires, ce four exige un nettoyage des générateurs toutes les six semaines et des réparations indispensables à la fin d'une année. Une interruption de 36 heures permet d'effectuer ce travail d'entretien en temps ordinaire. En revanche, il y a moins de matériaux à remplacer, ce qui permet d'abaisser les frais d'environ 5.500 à 6.800 francs. Le prix d'installation est aussi moins élevé. Alors qu'il fallait compter 110.000 francs pour un four produisant 3.000.000 de bouteilles par an, avec le nouveau système 100.000 francs suffisent. La consommation est de 1,3 à 1,5 kgr. de charbon par kilogramme de verre.

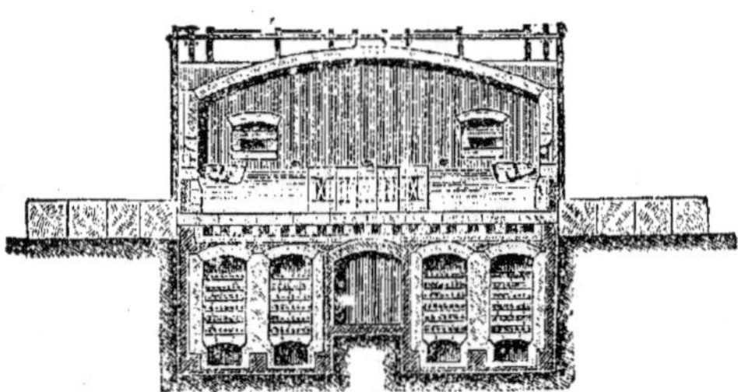

Sous sa forme munie des derniers perfectionnements apportés par les inventeurs eux-mêmes, le nouveau four de Siemens a gardé les avantages des vieux fours de ce nom. Les inventeurs auraient apporté, d'après des brevets récents, des modifications qui, suivant leurs données, amèneraient un prix de construction, un entretien et une consommation encore moins élevés que précédemment.

Fig. 3. — Four Siemens à bassin.

Lürmann (1) a séparé complètement, dans son four, le bassin où s'opère la fusion de celui où l'on vient prendre le verre pour le travail. La complication de l'appareil n'est qu'apparente. Avec le foyer qu'il a adopté, il n'est plus nécessaire de recourir au gaz de gazogène coûteux, obtenu avec la houille ordinaire : le charbon fin peut être employé. On place ce dernier dans des cornues, comme dans la fabrication du gaz d'éclairage, chauffées, non par un foyer auxiliaire, mais au moyen de la chaleur perdue du four (2). Le coke résultant est poussé sur des grilles où il peut achever de se gazéifier. Il faut un gaz riche en matières com-

---

(1) DRALLE, *Anlage und Betrieb der Glasfabriken*, Leipzig, 1886, p. 153.

(2) Le brevet français 332.099, délivré le 15 mai 1903 à MM. Wolhmer et Sjögren, protège un dispositif analogue, applicable aux fours à gazogène.

bustibles, on recommande 1/3 en plus que pour le gaz des générateurs Siemens.

Le four proprement dit se compose d'une cuve rectangulaire ayant 5 mètres de long, 10 à 12 mètres de large, et un mètre de profondeur. Le réchauffeur d'air est placé au-dessous du bassin. Le gaz traverse une paroi perforée, rencontre de l'air provenant du réchauffeur, par suite, à une température relativement élevée, et sort après combustion par les ouvertures de la paroi opposée. Les gaz chauds de la combustion vont parcourir le réchauffeur, chauffer les cornues et sortent au dehors après avoir servi au chauffage d'une chaudière. La marche des gaz est toujours la même, sans réversion comme dans les appareils Siemens. L'entrée des gaz combustibles et la combustion s'effectuent à une extrémité, là où s'opère la fusion ; l'évacuation de ces gaz a lieu à l'autre extrémité, dans la région où se trouvent les ouvreaux, places où se tiennent les travailleurs, et où ils viennent cueillir le verre.

On peut facilement effectuer les réparations des brûleurs, et cette opération, nécessaire pour le bon entretien du four, n'entraîne qu'un ou deux jours d'arrêt. Pendant le service du four on procède au nettoyage du réchauffeur et de l'appareil à chauffer les cornues. Pour éviter la détérioration des parties les plus fortement chauffées, on les protège au moyen d'une circulation d'eau parcourant des tubes en fer noyés dans la masse.

Le prix d'un four de ce genre atteint 110.000 à 115.000 francs. Tous les ans il faut consacrer 5.000 francs aux réparations et à l'entretien. Sous sa forme la plus perfectionnée, sa dépense de combustible serait inférieure à celle des fours précédents.

*
* *

Dans le four à bassin de *Nehse-Dralle* nous retrouvons des points de ressemblance avec le système imaginé par Siemens : notamment en ce qui concerne les générateurs et la forme donnée par cet inventeur, mais le principe qui règle la combustion et le chauffage est tout autre. Les gaz sortant des générateurs traversent un canal qui les mène directement dans la chambre de combustion ; ils rencontrent là de l'air chaud provenant du réchauffeur placé sous le four, comme dans l'appareil de Lürmann. Les orifices d'entrée se trouvent dans le mur d'arrière, des deux côtés des orifices d'évacuation. Les sorties sont réglées de manière que la moitié des gaz se répartisse à droite et l'autre moitié à gauche. La flamme, partie du fond du four, vient se replier devant les ouvreaux et revient en arrière pour gagner les carneaux de sortie et le réchauffeur en formant une boucle. Dans le réchauffeur on a multiplié les circuits et obligé les gaz chauds à circuler en zigzag, ce qui permet une utilisation plus complète de la chaleur perdue. Comme le gaz du gazogène est moins pur que celui du four Lürmann, il arrive plus froid, aussi est-on obligé d'employer de l'air très chaud pour arriver à une température équivalente. Ce four s'est bien comporté, et on peut le considérer comme un bon appareil. Son prix de revient est analogue à celui du four Lürmann, quoique un peu moins élevé (100.000 à 110.000 francs). Ses frais d'entretien annuel sont de 5.000 à 5.500 francs.

Le four construit par M. Dralle a subi divers perfectionnements, comme tous les appareils qui ont déjà une vingtaine d'années.

La fig. 4 que nous donnons concerne l'appareil breveté sous les numéros 1.146 et 6.516 en Allemagne. Dans ses grandes lignes ce four diffère peu de celui décrit par l'auteur dans son ouvrage (1).

L'appareil de régénération se trouve sous le four, faisant suite au gazogène, il

____

(1) R. DRALLE, *Anlage und Betrieb der Glasfabriken*, Baumgärtner, éditeur, Leipzig, 1886, page 168.

comprend trois chambres formées d'un système de canalisations parcourues par les gaz chauds et le long desquelles vient s'échauffer l'air se rendant dans les brûleurs.

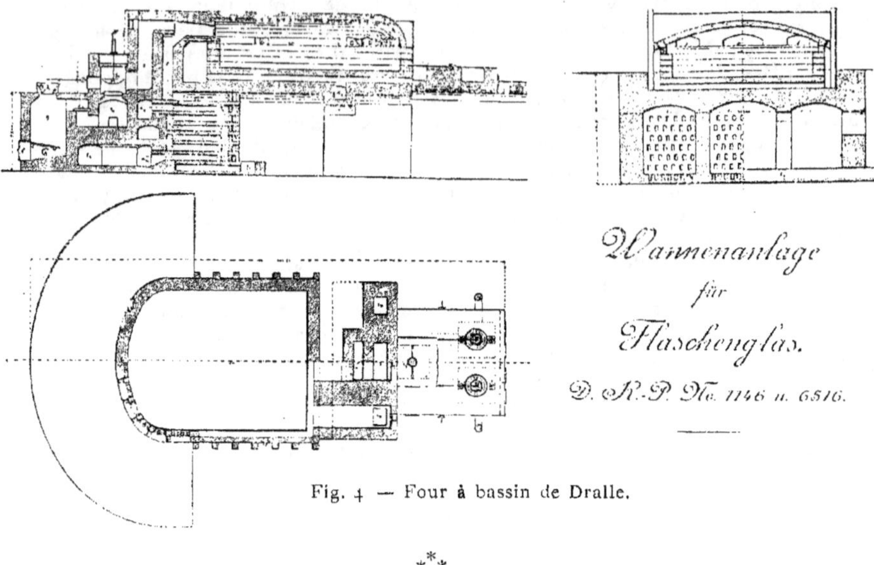

Fig. 4 — Four à bassin de Dralle.

***

M. Boucher a imaginé un dispositif de four à bassin très ingénieux, qu'il emploie dans sa fabrique de bouteilles de Cognac. Le gaz est produit dans le

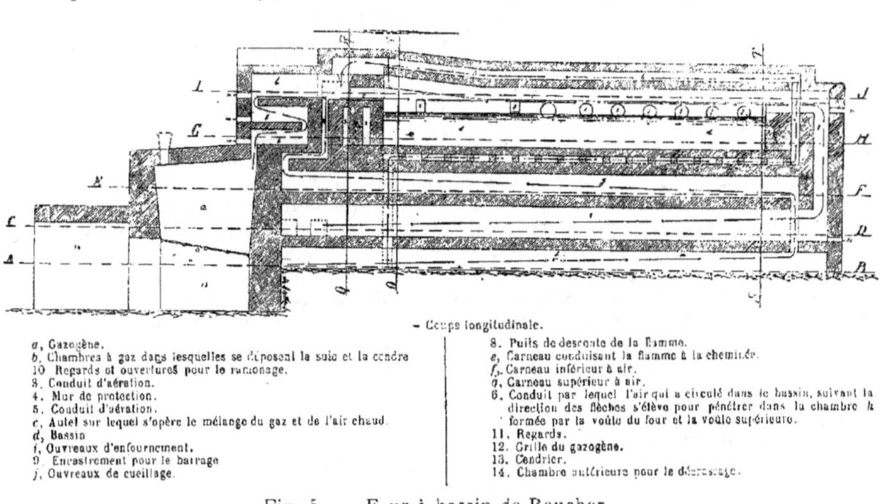

– Coupe longitudinale.

a, Gazogène.
b, Chambres à gaz dans lesquelles se déposent la suie et la cendre
10 Regards et ouvertures pour le ramonage.
3. Conduit d'aération.
4. Mur de protection.
5. Conduit d'aération.
c, Autel sur lequel s'opère le mélange du gaz et de l'air chaud.
d, Bassin
i, Ouvreaux d'enfournement.
9. Encastrement pour le barrage
j, Ouvreaux de cueillage.
8. Puits de descente de la flamme.
e, Carneau conduisant la flamme à la cheminée.
f, Carneau inférieur à air.
g, Carneau supérieur à air.
6. Conduit par lequel l'air qui a circulé dans le bassin, suivant la direction des flèches s'élève pour pénétrer dans la chambre h formée par la voûte du four et la voûte supérieure.
11. Regards.
12. Grille du gazogène.
13. Cendrier.
14. Chambre antérieure pour le décrassage.

Fig. 5. — Four à bassin de Boucher.

gazogène a, circule d'abord en b, où se déposent les matières entraînées telles que la suie, puis, arrivé à l'autel c, se mélange à de l'air chaud qui provient de la traversée des carneaux *g* et *h*. Ces carneaux sont chauffés par les gaz de la combustion et donnent de l'air très chaud. Cet agencement ne nécessite pas de renversement comme dans le four de Siemens, il se rapproche de celui des fours précédents ; l'appareil demande un réglage au début de la campagne, mais une fois les entrées d'air et de gaz établies, l'appareil fonctionne sans correction.

Dans la coupe transversale on remarquera la disposition spéciale donnée aux ouvreaux. Ceux-ci ne sont plus ouverts, ce qui évite à la fois une perte de chaleur et la fatigue des ouvriers exposés à une température élevée. La cueillée du verre se fait dans des tubes d'argile *r*, qui plongent dans le verre fondu en obturant l'ouvreau.

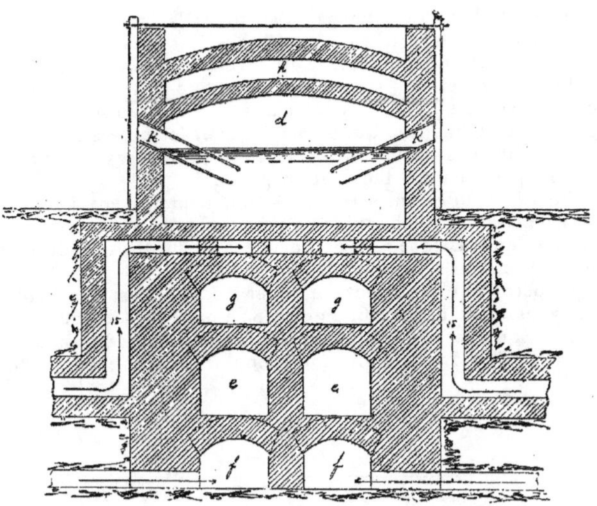

Fig. 6. — Coupe du four à bassin de Boucher.

* *** *

A la suite des fours au gaz de gazogène se place un autre genre de fours utilisés plus particulièrement aux Etats-Unis, dans la région de Pittsburg, par exemple. Ces fours du type *à pots* emploient comme combustible le gaz naturel et n'utilisent pas toujours la récupération.

La figure 7 représente un four (1) de Pittsburg. Le gaz arrive à la partie inférieure par la conduite *a*, il débouche dans le four par une demi-couronne *b* servant de brûleur. Ces brûleurs sont au nombre de deux dans chaque four, ce qui permet d'en réparer un sans laisser le four se refroidir. Au-dessus du four un tube de fer *d* ayant la forme d'un anneau ouvert reçoit par *d* l'air nécessaire à la combustion et l'amène au-dessous du four, après s'être échauffé. Un semblable four peut fonctionner sans grandes réparations pendant trois ans.

Un autre modèle (2) employé à la glacerie d'O'Hara, construit par M. Anderson, est disposé un peu différemment. Le

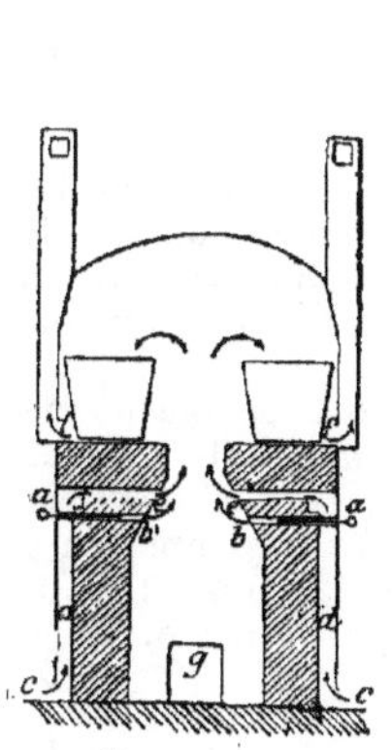
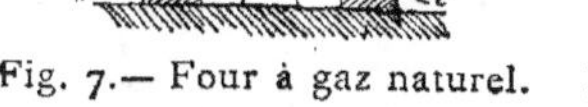
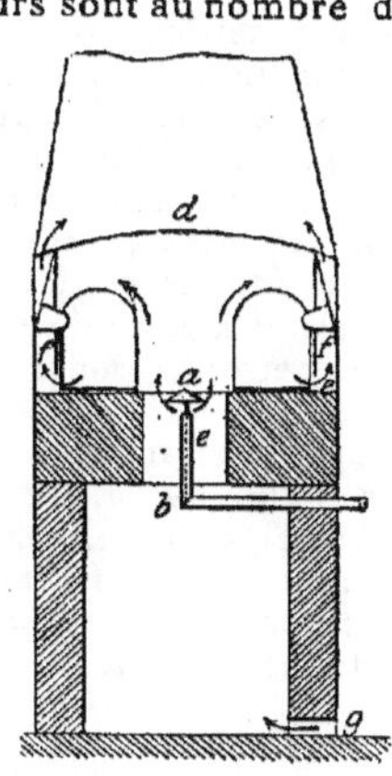

Fig. 7.— Four à gaz naturel.   Fig. 8.— Four Atterburg.

(1) et (2) Henrivaux, *la Verrerie au XXᵉ siècle*, page 48, édité par Bernard et Cⁱᵉ, 1903, Paris.

gaz entre dans le four par des tubes latéraux traversant le massif du four. L'air pénètre dans le four au-dessus des ouvertures par où sort le gaz. La porte permet l'introduction d'air facultative pendant l'affinage.

Le four Atterburg (1) est également un four à gaz naturel (fig. 8), employé en cristallerie. Le gaz est amené par tube, mais au lieu de sortir librement il vient buter sur un chapeau qui écrase le jet et le force à s'étaler circulairement. L'air entre par des ouvertures étroites pratiquées au niveau du sol. Les gaz s'échappent ensuite dans l'atmosphère.

Fours chauffés au pétrole. — Indépendamment du gaz on emploie aussi le pétrole comme combustible depuis quelques années. Des verreries belges installées en Russie se sont préoccupées de l'utilisation du pétrole pour le chauffage de leurs fours (2).

Le pétrole que l'on peut employer à cet effet est un pétrole brut vert-noir, fluide et ayant un poids spécifique de 0,80 à 0,96. Au-dessous de 100° il brûle difficilement. Son effet calorifique est très satisfaisant, et l'on peut compter que 100 kgr. de charbon de bonne qualité sont remplacés par 41 kgr. de ce pétrole. A la Société

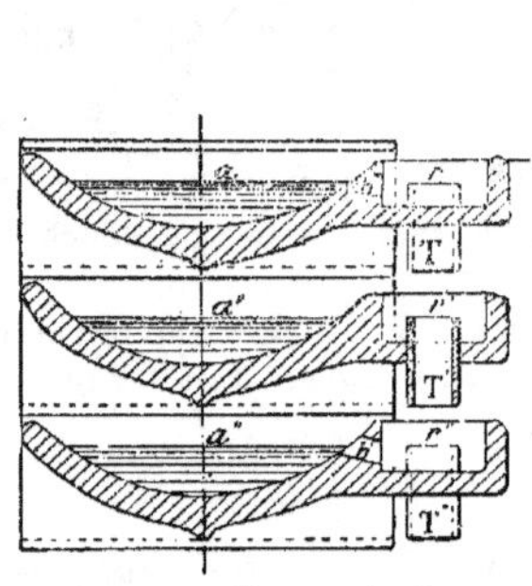

Fig. 9. — Coupe du foyer Nobel à pétrole.

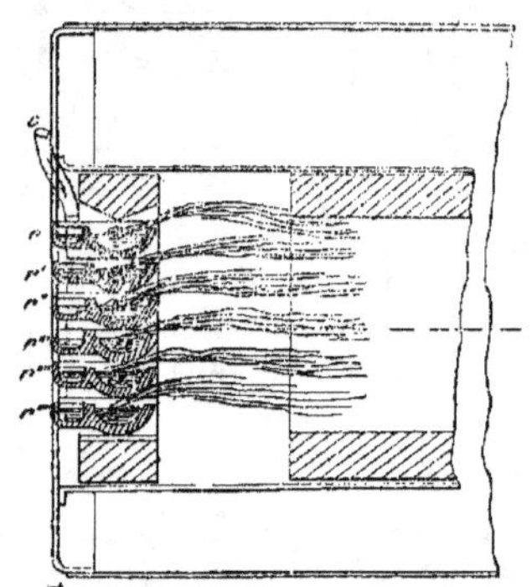

Fig. 10. — Application du foyer Nobel.

Belgo-Russe de Lakasch on s'est servi pour les essais d'un four Siemens à 16 creusets. Les résultats ont été satisfaisants ; le verre à glaces obtenu était de belle qualité. On avait installé sur les deux petits côtés, ainsi qu'au milieu du four, des foyers provisoires. La combustion se faisait comme avec le gaz (le four qui servait aux expériences était un four à gaz de gazogène, transformé pour la circonstance) ; toutes les demi-heures on changeait le courant de côté. Le foyer disposé au milieu du four avait pour but d'égaliser la température.

Dans d'autres pays des expérience ont été également faites avec le pétrole. En Californie par exemple, où les deux verreries de San-Francisco ont installé des fours chauffés au pétrole et consommaient en 1901 un millier de barils de pétrole brut par 24 heures, ce qui correspondrait à 300 tonnes de charbon. Le charbon étant payé 6 dollars la tonne et le pétrole 1 dollar le baril, il en résultait une économie journalière de 800 dollars (3).

La question importante dans le chauffage au pétrole est d'assurer une bonne combustion. En Russie on emploie, à côté du pétrole le *masout*, residu d'huiles minérales ; la combustion de ce dernier corps est encore plus difficile à bien effectuer que celle du pétrole, car le masout s'enflamme à une température beaucoup plus élevée. Ce masout est très apprécié, car, comparé à la houille de belle qualité, donnant 7.500 calories, il lui est supérieur, comme pouvoir calorifique, de 4.000 calories.

(1) Henrivaux, *le Verre et le Cristal*, page 268, édité par Dunod, Paris.
(2) *Sprechsaal*, édité à Cobourg, 1900, II, 162 ; *M. S. I.*, 1901, page 856.
(3) *Pottery Gazette*, de London, 1901, page 607, et *Mois Scientifique et Industriel*, de Paris, 1901, page 271.

La combustion du pétrole et du masout nécessite la volatisation du produit et ultérieurement son mélange à l'air, avant l'inflammation.

Nobel a proposé des foyers à cuvettes (1). La grille *Nobel* (fig. 9) est formée d'augets superposés 1, 2, 3, 4, renfermant le combustible liquide et fixés dans une ouverture de la paroi du four. Entre chacune de ces capsules de fonte on a laissé assez d'espace pour la circulation de l'air. C'est cette série de récipients se surchauffant les uns les autres qui forme le foyer. La figure 10 montre un four chauffé par ce système ; le liquide arrive par la conduite *a* et vient tomber dans l'auget supérieur, l'excédent sort par un tube latéral et va tomber dans l'auget inférieur et ainsi de suite. Le dernier auget est relié à un réservoir spécial qui sert à recueillir le pétrole en excès si le débit du liquide était supérieur à la consommation. Ce dispositif est économique et simple ; il permet de brûler par heure 113 kgr. 330 de pétrole par mètre carré de grille.

Les foyers à gouttes sont construits sur un type différent ; le masout tombe goutte à goutte sur une surface chauffée, sur laquelle il se volatilise et s'enflamme.

Dans un troisième type de foyers on lance le masout au moyen d'un injecteur d'où il sort pulvérisé (fig. 11).

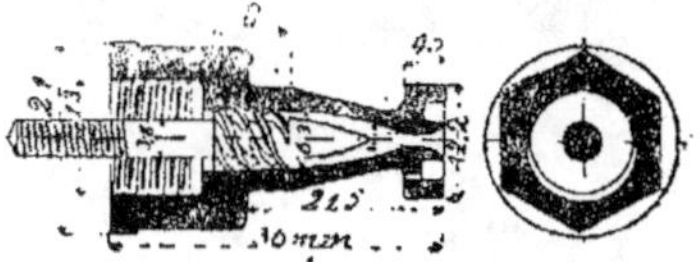

Fig. 11. — Injecteur pour le soufflage du pétrole.

Le professeur Kroupsky (2) a imaginé pour le chauffage des fours de verrerie un autre mode opératoire très ingénieux. Le four que nous représentons (fig. 12) n'est pas à chauffage direct. Il comporte une série de chambres A, B, A', B', remplies de briques réfractaires, superposées à claire-voie. Le pétrole arrive en A et A' sous pression et y est distribué alternativement et à intervalles égaux par des chalumeaux *c* et *c'* dont les orifices ont un diamètre trois fois moindre que celui des tubes d'amenée. Le pétrole est décomposé dans le haut de la chambre ; il brûle au contact des briques incandescentes du régénérateur et de l'air introduit en *p*

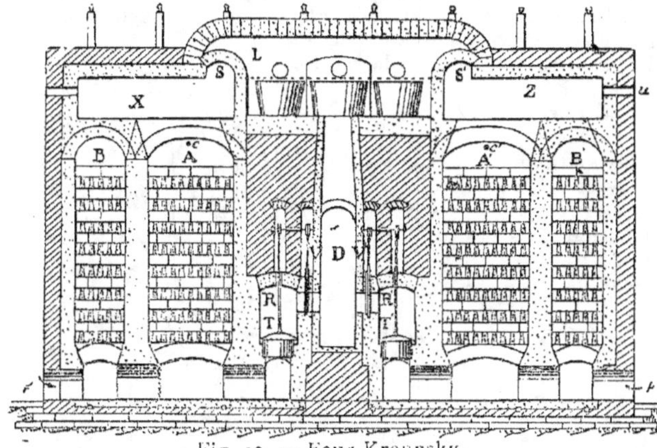

Fig. 12. — Four Kroupsky.

ou *p'*. La zone de combustion du pétrole se trouve circonscrite aux couches supérieures de briques. De là les gaz de la combustion traversent le four et sortent par A ou A', suivant que la combustion se fait en A' ou en A. Toutes les demi-heures on intervertit le courant de pétrole. En réalité on opère comme dans le four à creusets de Siemens. En plus des chambres A et A' on voit deux chambres de régénération supplémentaires en B et B' qui servent à faire pénétrer un complément d'air chaud pour assurer une meilleure combustion.

Le four Malicheff (3), employé également en Russie, est un four (fig. 13) dont la construction a été inspirée par celle du four de Siemens. Il comprend comme le four précédent des chambres *a* où arrive le pétrole et qui sont traversées

(1) *Thonindustrie Zeitung*, de Berlin, 1900, page 1162 ; *Mois Scientifique I.*, de Paris, 1900, page 302.
(2-3) De Krivochapkine, *Génie Civil*, de Paris, 1900, II, page 310.

par de l'air chauffé par les briques de ces régénérateurs. Ce four serait très économique à l'emploi; il ne consommerait que 1,3 tonne de résidus de pétrole pour produire 4 tonnes de verre.

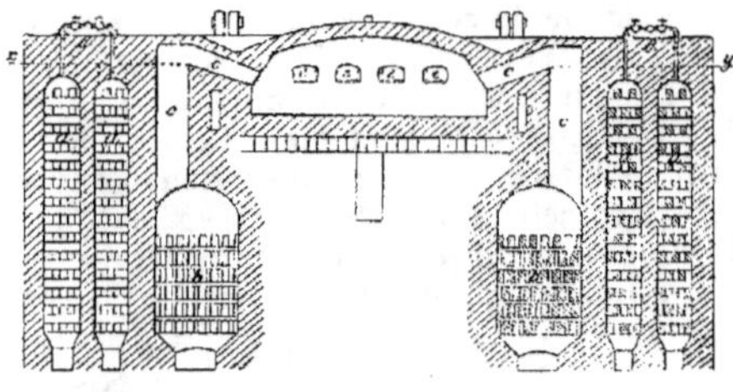

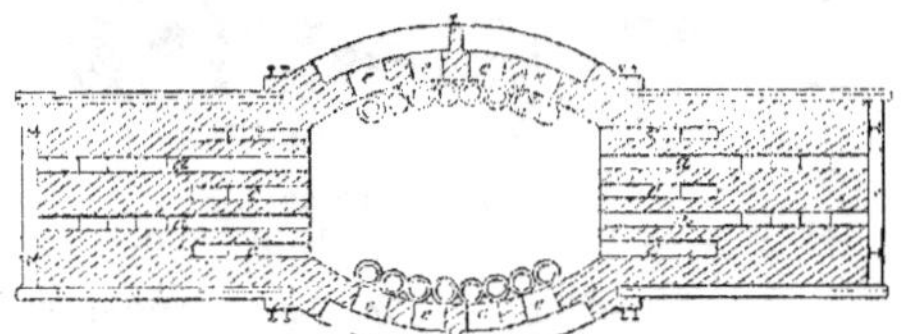

Fig. 13. — Four Malicheff.

Le four employé par la filiale russe de la société belge des glaces de Roux comporte pour chaque pignon du four quatre entrées d'air, trois sorties de flammes et deux pulvérisateurs de naphte alimentés par un jet de vapeur. Ce four est muni du récupérateur Siemens et donne toute satisfaction.

Fours électriques. — Le four électrique donnant une température élevée, il était tout naturel de chercher à en tirer parti pour l'obtention du verre, puisque, d'une part, il permet d'obtenir une température notablement supérieure à celle que donnent les fours ordinaires et que, d'autre part, il peut fonctionner en utilisant, au lieu de houille ou d'un autre combustible, l'énergie des rivières ou des chutes d'eau (1). Ces conditions donnent la latitude de créer des usines loin des centres producteurs de combustible et, dans certains cas, de travailler avec une faible dépense.

Cette idée d'obtenir du verre au moyen de l'électricité a été brevetée en 1881 par S. Reich et Cⁱᵉ (2). Le brevet fut pris à Berlin. Le procédé revendiqué consiste à faire tomber le mélange des matières premières pulvérisées à travers un tamis de fils de platine portés au rouge. L'idée ne reçut pas de sanction pratique. L'appareil a été décrit par Tscheuchsner dans son ouvrage (3).

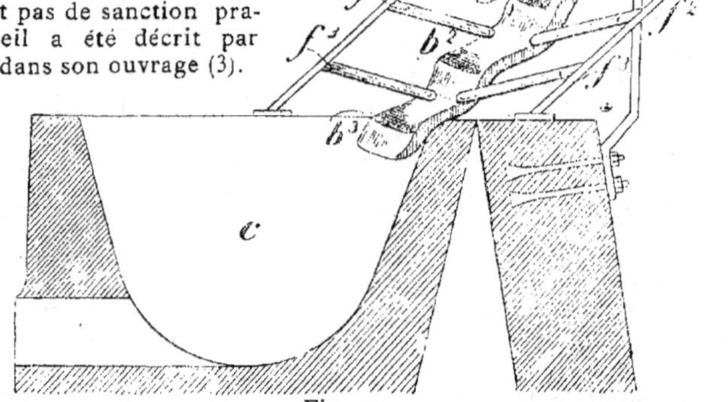

Fig. 14.

Un peu plus tard, à Cologne, la société Becker se constitue pour la mise en valeur de brevets concernant la préparation du verre par voie électrique et le travail de ce dernier. Le four dont il s'agit ici (fig. 14) était un four à arc. Les figures ci-jointes (fig. 14 et 15) représentent le premier appareil utilisé dans les expériences. On utilise la chaleur fournie par une série d'arcs électriques à la fusion des matières premières mélangées dans les rapports conve-

(1) Comme d'ailleurs le four oxhydrique *Garuti* dont nous avons parlé.
(2) Die Herstellung von Glas auf elektrischem Wege, Dr Bernbach, *Elektrochemische Zeitschrift*, 1901, p. 121.
(3) *Handbuch der Glasfabrikation*, page 279.

nables. Ces arcs *f*, disposés en gradins, reçoivent le mélange qui fond et vient couler dans une auge *c*, où la masse fondue est affinée et cueillie pour être travaillée. Au début on avait recours à un foyer auxiliaire pour chauffer l'auge d'affinage ; un perfectionnement important amena la suppression de ce foyer et son remplacement par l'utilisation raisonnée de la chaleur perdue du four. Le chargement des matières se fait au moyen d'une trémie qui laisse couler le mélange lentement entre les charbons ; par ce dispositif on réalise une marche continue (fig. 15).

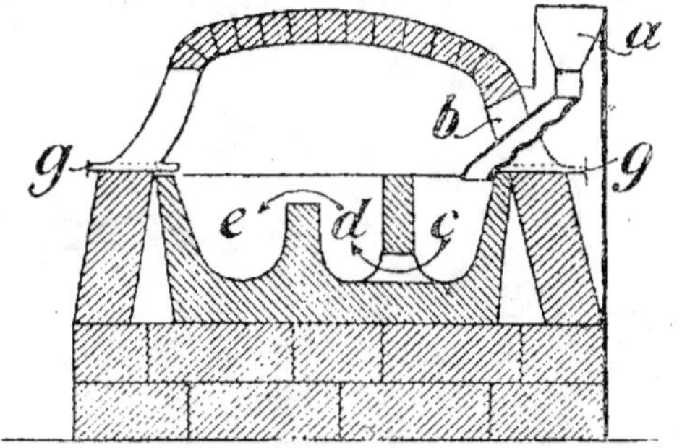
Fig. 15.

La masse fondue contient nécessairement des grumeaux, aussi ne peut-elle être employée telle quelle ; elle subit une recuisson dans l'auge *d*, et ce n'est que du verre purifié qui entre en *e*. Les flèches permettent de suivre le trajet du verre une fois fondu. L'appareil ainsi construit ne réalisait pas tous les desiderata, tant au point de vue électrique qu'à celui de la production du verre.

Un nouveau four (1) fut construit, la figure 16 laisse voir clairement les modifications adoptées. Les charbons pour les arcs sont placés de la même manière, au-dessous d'une trémie, mais on n'a laissé qu'un intervalle étroit dans le canal où passe le verre, de manière à réduire autant que possible la combustion des électrodes en laissant une sortie pour l'évacuation des gaz de la combustion. Un meilleur isolement des électrodes était obtenu en les faisant glisser dans une gaine de composition réfractaire, ce qui aidait aussi à les maintenir dans une direction fixe. On ne se tint pas à cette nouvelle disposition, à l'arc ainsi formé par deux électrodes opposées on substitua des bougies Jablokoff où l'arc jaillit entre deux crayons parallèles ; ce fut une tentative malheureuse, et ce dispositif fut laissé de côté pour revenir à l'arc voltaïque ordinaire. Le type décrit (fig. 17) en 1901 a conservé le même principe de la succession des arcs voltaïques sur le passage du mélange à fondre. La matière tombe de la trémie sur la première marche d'un escalier chauffé à la partie supérieure par les 3 arcs voltaïques.

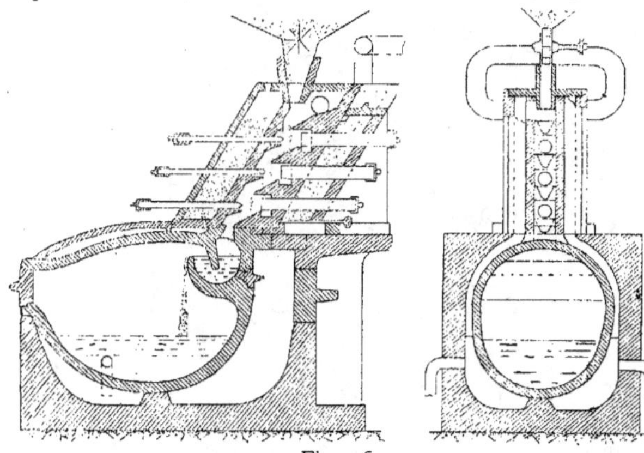
Fig. 16.

Le verre en fusion vient tomber dans une auge chauffée par un foyer spécial. M. du Welz, qui a vu fonctionner ce four, a déclaré que lors de sa visite tout n'était pas encore parfait dans l'appareil. Il fallait d'abord chauffer l'auge d'affinage et l'on profitait du chauffage de l'auge pour élever la température de tout l'appareil. Ce n'était qu'après deux heures de chauffage énergique qu'on lançait

(1) Essais de production du verre par l'électricité, par du Welz, *Bulletin de l'association des ingénieurs électriciens*, Liège, 1901, page 181.

le courant. La masse de verre obtenue n'était pas au point voulu pour l'utilisation industrielle : elle était amorphe, vitrifiée, mais pas suffisamment, sa production était peu abondante. Le fonctionnement électrique de l'appareil n'était pas complètement réglé ; il se produisait des à-coups provenant, soit d'interruptions du courant, soit, au contraire, de courts circuits. L'inspection des appareils de mesure a montré des variations assez grandes d'ampérage, allant de 50 à 150

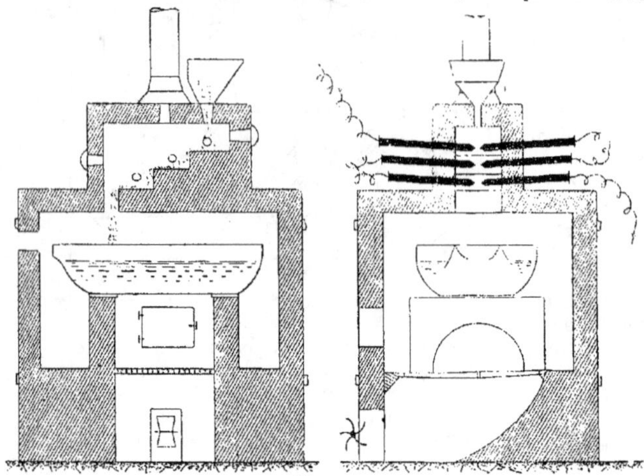

Fig. 17.

ampères. Ces variations avaient des causes très explicab'es, car le four ainsi construit se réglait à la main, ce qui ne permettait pas une grande régularité dans l'arc. En outre, la masse fondue produisait des amoncellements qui se disposaient irrégulièrement et venaient parfois modifier notablement la résistance de l'arc quand ils tombaient entre les charbons.

Un autre genre de four (1) (fig. 18) mérite aussi d'être signalé. Dans la coupe verticale on voit que le chargement s'effectue encore à l'aide d'une trémie, dont le contenu s'écoule latéralement et se chauffe au moyen de deux arcs h. Une coupe horizontale faite suivant x x, facilite la compréhension de la figure (fig. 19). La matière fondue s'écoule en e et vient se réunir dans la partie m, où elle s'affine avant d'aller couler en n. Sur le trajet de e à m elle rencontre un arc auxiliaire qui la réchauffe en chauffant aussi la partie inférieure du four. Deux ou trois heures après la mise en route on a en n du verre clair. Il est

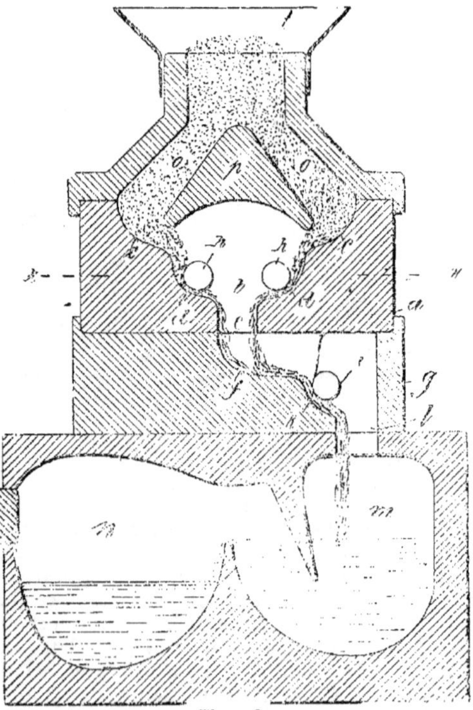

Fig. 18.

(1) « Die Herstellung von Glas auf elektrischem Wege », Dr Bernbach, *Elektrochemische Zeitschrift*, 1901, page 126.

nécessaire dans cet appareil, comme dans le précédent, d'effectuer un chauffage préalable et de ne commencer la mise en marche électrique que lorsque le creuset

est assez chaud pour qu'un fragment de verre y puisse fondre. Dans la figure schématique que nous donnons on n'a pas reproduit les dispositions adoptées pour obvier au refroidissement et permettre le chauffage. Dans les recherches effectuées, les deux arcs supérieurs consommaient 100 ampères et l'arc inférieur 50 ampères.

Le Dr Voelker a construit également un four électrique(1) dont nous donnons la coupe. Le mélange des matières premières pulvérisées est amené par le transporteur *b*, il rencontre sur

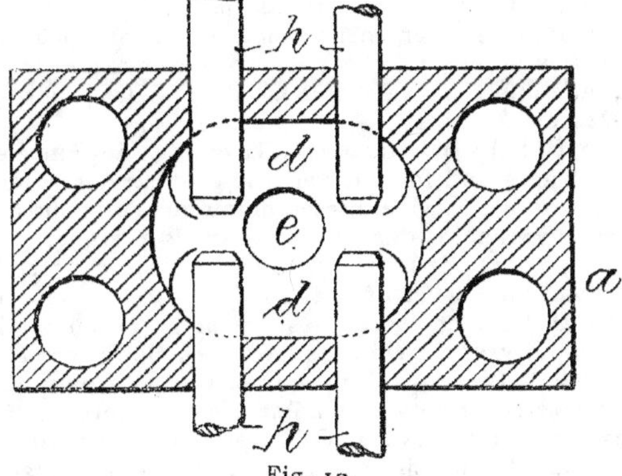

Fig. 19.

son trajet des conduits *c* qui le laissent descendre dans des canaux *a*. De là il suit le canal *h* et vient déboucher en *j*. La fusion s'est opérée en route au moyen de la chaleur dégagée par les arcs produits entre les électrodes *d* et à l'extrémité des bougies Jablokoff *e*. Le bassin *k* reçoit une masse fondue qu'il faut affiner. A cet effet deux électrodes *l* y amènent le courant. Le verre affiné passe ensuite dans le récipient annulaire qui entoure le bassin *k* ; une fois ce dernier rempli, le verre en excès déborde et va s'écouler en *p* dans un second bassin dans lequel on peut puiser le verre. Des portes *g* permettent d'introduire les cannes.

Le verre fondu conduit le courant relativement bien ; mais comme le verre est électrolysé par le courant, il n'est possible d'utiliser le chauffage par résistance qu'avec des courants alternatifs.

Maintenant que nous avons une idée de ce que sont les fours électriques destinés à la fusion du verre, nous aurions besoin, pour nous faire une idée plus complète de la question, de connaître un peu mieux leurs avantages et leurs

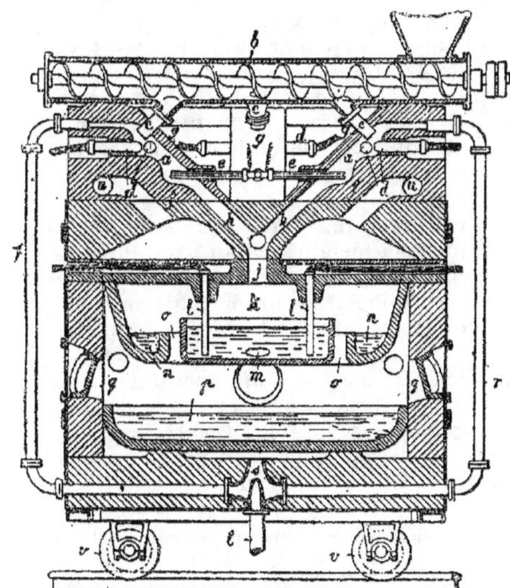

Fig. 20. — Four électrique de Voelker.

inconvénients, et surtout d'être fixés sur leur prix de revient actuel. Malheureusement jusqu'à ce jour aucune donnée pratique n'a été communiquée par les inventeurs (2).

(1) *Pottery Gazette*, 1901, page 520.
(2) D'après Tscheuchsner (*Handbuch der Glasfabrikation*) la dépense en charbon, pour faire un kilogramme de verre fini, serait, dans un four à pots chauffé directement, de 3 à 4 kgr., elle s'abaisserait, avec le chauffage au gazogène, à 1,5, à 2,8 kgr. ; dans les fours à bassin où l'on fait du verre de moins belle qualité, comme le verre à bouteilles, on a une consommation encore plus faible, puisqu'elle n'est plus que de 0,5 à 0,9 kgr. Le Dr Bernbach, dans l'article auquel nous avons fait allusion plus haut (*Elektrochemische Zeitschrift*, 1901, p. 122)

3

D'une façon générale, on peut remarquer de suite que si l'on part de la houille pour produire de l'électricité, les transformations de la chaleur en énergie mécanique, puis en énergie électrique, sont peu avantageuses, puisqu'elles donnent lieu à des pertes. Il n'en est plus de même si l'on se trouve à même d'utiliser économiquement des chutes d'eau à la production de l'énergie électrique nécessaire.

Le Dr Bernbach invoque à l'avantage du four électrique la coûteuse construction d'un grand four de verrerie ordinaire, sa courte durée et ses réparations onéreuses, le service ininterrompu que l'on peut obtenir du four électrique et sa manœuvre moins dangereuse pour les ouvriers.

Du domaine de la théorie on a cherché à passer dans celui de la pratique, et l'on vient d'essayer de tirer parti de ces premiers résultats.

Le Dr Voelker a cédé ses brevets, tout comme Becker, à l'Industrie verrière et ses dérivés, société bruxelloise (1). Cette dernière société a installé une usine d'études à Plettenberg en Westphalie pour poursuivre les recherches sur la fusion électrique du verre. L'énergie est empruntée à une chute d'eau qui fournit environ 1.500 chevaux. On emploie les courants alternatifs. La consommation est évaluée à un cheval-heure pour faire un kilogramme de verre. Dans le Tyrol on a fondé à Matrei une Société autrichienne « l'Aktiengesellschaft für Elektrokeramik » résultant d'une entente entre la Société belge et l'Aktiengesellschaft Carbid-Werke Deutsch-Matrei, qui a dû s'installer avec un capital de 400.000 couronnes et une énergie disponible de 3.000 chevaux. L'usine doit se consacrer à la fabrication du verre à bouteilles principalement.

Fours à recuire le verre. — *Le verre* une fois façonné subit un recuit, ce recuit est nécessaire pour donner au verre de la stabilité. Tout verre travaillé, ayant subi le soufflage, portant des soudures, etc., que l'on omet de soumettre à un recuit, est dans un état d'équilibre instable. Une soudure mal recuite, quoique faite avec des verres s'accordant comme dilatation, se brise au bout d'un certain temps, comme chacun le sait, sans aucune cause apparente. Les tractions internes l'emportent sur la résistance du verre à la rupture.

Autrefois on portait le verre dans des fours à recuire, dans lesquels on effectuait sa manœuvre à la main. Plus récemment on a imaginé le four continu dans lequel le verre est transporté automatiquement. Les pièces traversent une galerie chauffée et en sortent suffisamment recuites, entraînées par un mécanisme auxiliaire; le travail se borne à enfourner les objets façonnés et à vider le four à sa sortie.

L'emploi des fours continus pour recuire les pièces a été un perfectionnement notable au point de vue économique, puisqu'il n'est plus nécessaire de procéder à des allumages successifs et à une chauffe préparatoire du four. D'après les indications données par MM. Henning et Wrede (2) de Dresde, la dépense de combustible nécessaire pour obtenir 1 kilogramme de verre a pu être réduite à

accepte les nombres que nous venons de citer et il leur oppose un nombre qu'il détermine par le calcul. Pour évaluer la dépense de combustible il prend comme type chimique de verre $Na^2O, CaO, 6SiO^2$. Son calcul lui donne 746,3 calories comme nécessaires à la confection d'un kilogramme de verre. A ce nombre, qui ne porte que sur la fusion de la masse, il faut ajouter encore la quantité de chaleur résultant de l'affinage. En comptant en nombre rond 425,750 calories pour la production du verre sans l'affinage et en admettant un effet utile de 75 %, on voit qu'il faut compter, en se basant sur ces vues théoriques, 1.000 calories ou 1.160 watts correspondant à 1,5 kgr. de charbon pour obtenir un kilogramme de verre.

Dans les essais faits avec le four Becker, dont M. du Welz a rendu compte dans sa conférence faite à « l'Association des Ingénieurs électriciens sortis de l'Institut électrotechnique Montefiore », il arrive à un nombre plus élevé, *toujours par le calcul*. Il admet comme rendements commerciaux des canalisations de la dynamo 85 o/o, comme consommation de vapeur 8 kg. et vaporisation par kilogramme de charbon 8 kg. Ces données le conduisent à une consommation de 9,3 kg. de charbon par kilogramme de verre fondu, en adoptant les nombres que lui avait donnés le directeur de l'usine. M. du Wels fait remarquer que ces résultats ne se rapportent qu'à des essais en petit, qui ont plutôt le caractère d'expériences de laboratoire. Les auteurs du procédé prétendent arriver au nombre donné plus haut : 1,5 kgr. pour fondre un kilogramme de matière première, en partant de l'hypothèse que 1 kgr. de charbon équivaut à 1 cheval-vapeur.

(1) *Sprechsaal*, 1902, page 594.

(2) *Sprechsaal, Kühlofen für Flaschenfabriken*, 1901, page 1754.

o,7 kg., ce chiffre comprenant le charbon consommé par le four à bassin et le four à recuire. Ces industriels font remarquer que ces resultats ne sont pas obtenus avec tous les appareils, car dans le domaine de la nouveauté on a l'occasion de rencontrer malheureusement des perfectionnements coûteux quand on adopte des appareils modifiés sans s'être parfaitement rendu compte de ce que valent les anciens.

Nous allons donner des exemples des divers systèmes les plus récents (1).

M. Boucher a, en même temps qu'un four à bassins (2) pour préparer le verre à bouteilles, imaginé un four à recuire. Ce four est composé d'une arche sous laquelle circulent des wagonnets. La flamme entre par la partie supérieure de la voûte et vient chauffer par rayonnement de haut en bas. C'est un four à recuire à sole mobile.

On a aussi cherché à réaliser un four à recuire avec porteur mécanique. Une chaîne sans fin entraîne les bouteilles jusqu'à une tôle inclinée qui débouche dans le four à recuire. Certaines usines emploient des appareils de ce genre. Dans cet ordre d'idées M. Houtart (3) a imaginé un appareil excessivement ingénieux destiné au transport des bouteilles dans le four à recuire. Il est arrivé à supprimer tous les porteurs.

La solution proposée par M. Tasche (4) est un peu différente. Son four comprend un long tunnel en briques divisé par une cloison horizontale en deux parties. La partie supérieure est chauffée par un foyer latéral. Les produits à recuire entrent dans la partie supérieure, entraînés par un support mobile, puis au bout du trajet descendent dans la partie inférieure ou chambre froide, de sorte que le chargement et le déchargement du four se font du même côté du tunnel, le réchauffement ayant lieu en haut et le refroidissement en bas. Cet appareil a été imaginé pour la recuisson des canons de verre à vitres.

Pour recuire le verre laminé pour vitrages, la société de Saint-Gobain a adopté un dispositif automatique. Le verre est placé dans le four à plat sur des tringles mobiles pouvant effectuer un mouvement vertical et subir un déplacement latéral. Plusieurs systèmes de tringles semblables sont placés parallèlement dans la longueur du four. La première plaque que l'on pose peut donc, par suite du mouvement du premier support, être portée sur le second support, qui, à son tour, peut venir la placer sur le troisième et ainsi de suite. On conçoit aisément la possibilité pour une plaque de parcourir ainsi tout le four jusqu'à la sortie.

II. — Façonnage du verre dans les diverses fabrications

Une fois fondu et affiné, le verre est amené par refroidissement convenable à une consistance pâteuse. Sous cet état le verre est cueilli par l'ouvrier, et l'on procède au façonnage qui s'effectue, comme nous allons le voir, par différents procédés.

Les divers modes opératoires que l'on peut suivre se ramènent à trois opérations types :

Le coulage ;

Le soufflage ;

Le moulage.

Ces trois manières de travailler le verre peuvent être combinées et donner naissance à de nombreuses variantes plus ou moins faciles à appliquer. Dans ces dernières années on a apporté de notables perfectionnements aux méthodes de travail ; nous croyons bon de faire un choix et de citer à côté des amélio-

(1) Voir au sujet des appareils plus anciens DRALLE, *Anlage und Betrieb der Glasfabriken.*
(2) Voir plus haut, page 8.
(3) HENRIVAUX, *le Verre et le Cristal*, page 476.
(4) *Pottery Gazette*, 1899, oct., page 1165 ; *Sprechsaal*, 1899, page 670 ; *Mois S. I.*, 1899, page 401.

rations les plus importantes les essais qui nous ont semblé les plus origi-
naux. Parmi ces derniers, certains d'entre eux n'ont pas aujourd'hui la con-
fiance des praticiens, mais rien ne dit que dans l'avenir l'idée mère, plus ou
moins modifiée dans son application, ne sera pas féconde en résultats pratiquement utilisables. Le soudage du verre, par exemple, est encore restreint ; ce
serait surtout pour la fabrication de bacs d'accumulateurs que l'on en tirerait
parti. Les plaques bien juxtaposées sont chauffées à leur jointure au moyen du
chalumeau oxhydrique qui fond le verre, absolument comme lorsqu'on opère sur
les métaux pour la soudure autogène.

Nous jetterons d'abord un coup d'œil sur la fabrication des glaces, des bouteilles, du verre à vitres, et nous donnerons ensuite quelques détails sur la fabrication des grandes pièces de verre creuses. Dans cet ordre d'idées, particulièrement, le génie des inventeurs s'est donné libre carrière, et un nombre considérable de brevets a été pris en peu de temps. La plupart ne sont que des curio-
sités, mais l'activité déployée dans ce sens montre combien cette question est
à l'ordre du jour.

Glaces. — Le verre à glace est obtenu en coulant du verre fondu sur une
surface plane, recuisant la plaque ainsi obtenue, puis lui donnant le poli et la
transparence. Ce finissage des glaces comprend : le doucissage, qui se fait en travaillant la surface brute au moyen de lames de fer ou fonte avec interposition de
sable ; le savonnage, qui est la fin de l'opération précédente et qui s'opère en
remplaçant le sable par des sables fins et de l'émeri ; le polissage, pendant lequel
on travaille les glaces déjà unifiées et rendues parallèles à l'aide de l'oxyde de
fer ou de la potée d'étain.

Le four à bassins ne permet pas un affinage suffisant pour le verre à glaces, aussi
la fabrication se trouve-t-elle encore tributaire du four à creusets. D'autre part,
quoi que l'on ait essayé maintes fois de substituer le laminage du verre à sa
coulée, jusqu'ici on n'est pas arrivé à des résultats suffisamment pratiques pour
faire abandonner l'ancien mode de fabrication.

La fabrication du verre à glace et son coulage n'ont subi de modifications
importantes qu'au point de vue de l'outillage. En Amérique, principalement aux
Etats-Unis, on a réalisé de sérieux progrès dans les engins mécaniques destinés
à faciliter les manœuvres.

Cependant la fabrication proprement dite du verre y est peut-être faite avec moins
de soins qu'en Europe. D'après un article de M. Alexander (1), auquel nous em-
pruntons ces détails, la devise américaine « Vite, bon marché et bon », amènerait
les fabricants à chercher une économie de temps telle, dans les manipulations
préparatoires, que l'on supprimerait beaucoup de déterminations dont il est bon
de tenir compte, telles que l'hydratation des produits. Les mélanges sont effec-
tués rapidement sur des matières plus ou moins humides, sans se soucier beaucoup de leur teneur réelle en matière sèche. En six heures, avec l'aide de 6 à 7 hommes, on a pesé et mélangé 50.000 kilogr. de matériaux, charge qui correspond
à peu près à la contenance de 55 pots pouvant fournir 1000 m². de verre. Une
remarque est à faire en passant sur la quantité relativement grande d'arsenic
qu'introduisent les verriers américains. Au mélange une fois fait, on ajoute des
débris des verres que l'on ne se donne pas la peine de peser, mais que l'on
introduit au juger et suivant la quantité dont on dispose.

Les fours américains sont en général chauffés au gaz naturel. Ils n'ont que des
chambres à air et pas de chambres à gaz ; la chambre à air se trouve sous le four
dans les anciens modèles, dans les modèles plus récents on en construit une de
chaque côté du four. Le chauffage au gaz naturel constitue un avantage,

(1) ALEXANDER, *Die Fabrikation von Spiegelglas in den Vereinigten Staaten von Nordamerika*, extrait de
Sprechsaal, 1903, p. 1631 et 1667.)

puisqu'il dispense de la préparation du gaz de gazogène. On serait tenté de croire que, favorisé ainsi, le verrier américain a réalisé d'importants progrès dans la construction des fours, il n'en est rien ; leurs fours seraient au contraire moins bien établis que ceux d'Europe dans beaucoup de cas.

C'est dans le coulage du verre à glaces que l'on rencontre alors de réels perfectionnements. Dans l'ancien mode opératoire, il fallait recourir à des manœuvres faites à bras d'hommes. Actuellement on met à contribution l'électricité et aussi l'air comprimé. L'enlèvement des pots et leur transport à la table de coulée se fait à l'aide d'engins électriques et, une fois le verre coulé, c'est encore mécaniquement que l'on roule le cylindre de métal sur le verre coulé. On se sert d'un wagon automoteur qui entraîne le cylindre ; pour faciliter la surveillance de la manœuvre, le wagon porte une plate-forme sur laquelle on a installé toute la commande électrique et qui est disposé pour recevoir un ouvrier. Ce dernier peut donc à la fois surveiller et effectuer les manœuvres.

La machine de Bonta (1) est une machine un peu différente destinée au laminage du verre que nous croyons intéressante de signaler. (2)

Dans l'état actuel de la question, c'est le premier dispositif de machine à laminer que nous avons mentionné qui est le plus répandu, c'est-à-dire *le déplacement du rouleau sur la glace* au lieu du *passage de la glace sous un rouleau fixe*. La disposition américaine avec train mobile desservi électriquement a pénétré en Europe où elle est actuellement utilisée par les grandes glaceries.

Un brevet récent (3) pris par la Société des Glaces de Courcelles protège un dispositif relatif au coulage automatique. Un pont roulant est combiné avec un mécanisme enlevant les pots et les faisant basculer automatiquement et régulièrement. Cette solution est toute nouvelle et il est difficile d'en connaître encore la valeur pratique.

De cet aperçu forcément rapide il découle que l'on substitue de plus en plus au manœuvre la machine réglable à volonté, qui permet d'exécuter un effort puissant avec un seul organe obéissant à une direction unique, solution que ne peut donner l'association des efforts de plusieurs individus, comme cela a lieu dans la translation de lourdes charges.

Une fois la glace coulée, recuite et refroidie, il faut la mettre en état de justifier son nom de glace. On travaille la glace à la machine, en l'usant avec du sable que vient frotter une pièce métallique animée d'un mouvement de translation circulaire. La glace doit être scellée dans une table fixe pour supporter sans rupture ce travail.

En Allemagne on a modifié le mode opératoire précédent. La table qui supporte la glace est mobile ; elle reçoit un mouvement rectiligne de va-et-vient. Le

(1) D'après HENRIVAUX, *le Verre et le Cristal*, Dunod, Paris, 1897, p. 423.

(2) Sa base, composée de poutres en tôle, présente deux rails parallèles que parcourt d'un bout à l'autre la table en fer et acier qui porte la glace pendant son laminage. Au-dessus s'élève un bâti surmonté d'un pont et portant un rouleau. Sur le pont est établi un moteur à vapeur avec sa chaudière, pour commander toutes les parties de la machine. Cette dernière est pourvue de deux tables de coulée ; ce sont des tables plates en métal, dont une seule, à la fois, se trouve en position de parcourir la longueur des rails. La seconde table est supportée à l'arrière de la machine, renversée, et à quelque distance des rails longitudinaux. Cette seconde table peut être descendue et relevée au moyen de la force produite par la même machine à vapeur. Voici comment fonctionnera la machine. Le verre une fois coulé, la machine est embrayée avec le rouleau dont les extrémités portent des pignons agissant sur des crémaillères. Le mouvement du rouleau entraîne donc la table et la glace qui vient alors passer sous le rouleau. Quand la table a atteint l'extrémité arrière de la machine, on arrête le rouleau ; la table supérieure, qui est dans une position renversée, est descendue sur le verre chaud, puis les deux tables sont assujetties l'une à l'autre. On enlève les deux tables pendant que le verre est pris entre elles et on les retourne. Ces tables sont posées à nouveau sur les supports, et, après avoir enlevé la table supérieure, c'est-à-dire celle sur laquelle on avait opéré le premier laminage, on donne un second coup de rouleau.

Ce procédé permet de faire de la glace en relief en substituant à la table plate un moule en creux.

Pour permettre le transport de la glace à la carcasse, où s'effectue le recuit, la machine entière est montée sur des rails de manière à pouvoir être amenée devant l'un des fours, disposés en série, où doit être placée la glace.

(3) Brevet français 328.601. — 19 janvier 1903.

4

frottement est donné par deux plateaux en fer, ou encore en bois, qui supportent des lames de fonte vissées sur leur face inférieure. Ces plateaux reçoivent un mouvement de translation circulaire. Ce dispositif donne un meilleur rendement que le précédent.

En Angleterre et en Belgique on se sert d'un appareil encore plus avantageux. Au lieu d'une table on se sert d'un plateau circulaire, animé d'un mouvement de rotation autour de son axe, sur lequel viennent frotter deux plateaux en bois sous lesquels sont vissées des lames de fonte. Ces plateaux subissent un mouvement de rotation. Un chariot mobile les supporte, de sorte que l'on peut obtenir leur déplacement sur la surface de la glace, ce qui permet l'usure de tous les points de la surface.

Après le doucissage, on doit savonner et polir la glace. Ce travail, qui s'effectue depuis longtemps à la machine, ressemble en ses grandes lignes au précédent, il s'opère en frottant verre sur verre avec de l'émeri, puis feutre sur verre avec du colcothar ou de la potée. On conçoit aisément la possibilité d'effectuer ces manœuvres mécaniquement comme le doucissage.

Ainsi M. Malevey emploie une plate-forme circulaire sur laquelle viennent se déplacer les polissoirs. Cette table n'est pas mise en mouvement par un mécanisme spécial, elle ne se déplace lentement que par suite de l'entrainement que lui communique le mouvement des polissoirs.

M. Haut a adopté le dispositif inverse, c'est la table qui tourne et les polissoirs qui sont entraînés. A Saint-Gobain, dans l'usine de la Franière (Belgique), on opère d'une manière analogue. La table est également mobile, et les polissoirs sont fixés sur un châssis de forme circulaire excentrique à la plate-forme; c'est cette dernière qui leur communique le mouvement.

Comme variante de ces appareils, on peut citer un polissoir électrique. Ce polissoir est porté par des roues caoutchoutées. On le déplace à volonté sur la surface à polir. M. Bonta a inventé en même temps que la machine décrite plus haut une machine à polir très puissante, c'est-à-dire permettant de travailler de très grandes glaces, dont la caractéristique est d'effectuer le retournement de la glace polie d'un côté par un moyen mécanique (1).

Le progrès le plus important réalisé dans le travail des glaces a été d'effectuer le doucissage et le savonnage sur une même table et de porter ensuite la table sous l'appareil à polir. Pour rendre possibles de semblables manœuvres, manœuvres qui nécessitent le déplacement de masses considérables, on a dû adopter un outillage mécanique puissant. Il fallait de plus que le temps des manœuvres fût raccourci pour avoir un rendement avantageux (2).

L'appareil imaginé par M. Haut de Jeumont a résolu la difficulté. La plate-forme est mobile, un chariot roulant sur rail permet son déplacement. Au moyen d'une presse hydraulique on soulève la plate-forme et l'amène à la hauteur voulue pour le travail; la même presse permet de redescendre la plate-forme et de la faire reposer sur les rails quand il s'agit de la transporter.

La glace doucie, savonnée et polie est prête à supporter le biseautage, biseautage que l'on fait maintenant mécaniquement. La machine Johannet, une des plus perfectionnées, comprend une meule devant laquelle vient avancer la glace. Un support rigide amène la glace; il est muni de vis micrométriques permettant un réglage absolu, ce qui donne toute facilité pour obtenir un biseautage régulier. La conduite de la machine est si simple qu'un seul ouvrier peut en conduire deux en produisant 120 mètres de biseau droit en une journée de dix heures.

La machine brevetée par M. Hassart (3) réaliserait le travail d'une manière plus commode, car elle travaille sur une glace fixe avec une meule mobile. C'est un appareil bien récent sur lequel il est peu facile d'avoir des données.

---

(1) Voir pour la description complète et les plans de cette machine : HENRIVAUX, *le Verre et le Cristal*, 1897. Dunod, 425.

(2) On le trouvera écrit avec détails dans l'ouvrage déjà cité de HENRIVAUX, *le Verre et le Cristal*, page 419.

(3) Brevet français, 14 février 1903. — N° 329.373.

Bouteilles. — Il y a encore peu d'années la bouteille se faisait exclusivement par soufflage direct de l'ouvrier. Le verre était soufflé dans un moule qui lui donnait la forme voulue ; on combinait en somme le soufflage à la bouche avec le moulage. Ce mode de façonnage est encore de beaucoup le plus répandu (1), mais on commence à faire de la bouteille à la machine et il est probable que ce mode de fabrication, déjà suffisamment perfectionné pour entrer dans le domaine de la pratique, se répandra de plus en plus à mesure qu'on le connaîtra mieux et qu'on y apportera de nouvelles améliorations.

Les premiers essais de façonnage mécanique des bouteilles sont attribués à Ashley (2) qui, en 1888, aurait expérimenté une machine en France et en Angleterre. Les essais ne répondirent pas aux espérances que l'on avait fondées. Cet

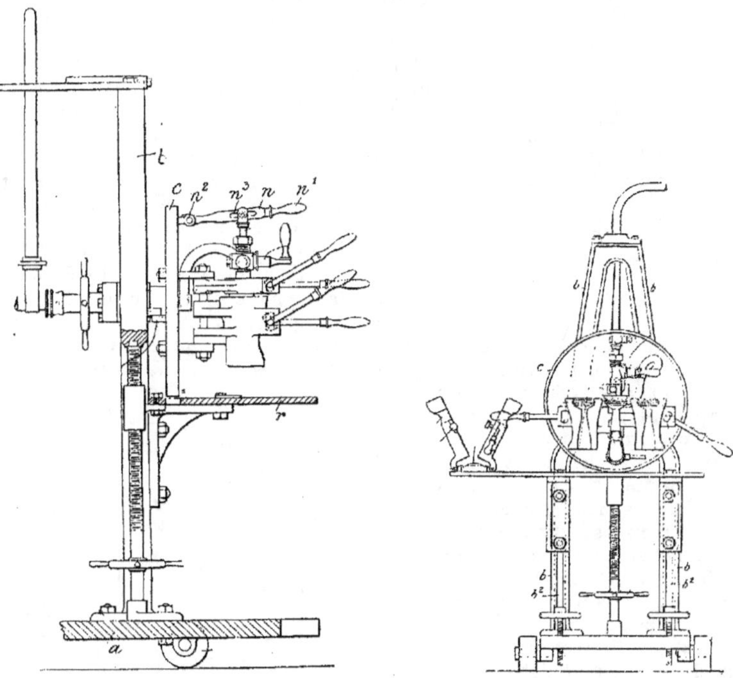

Fig. 21. — Machine de Grote
pour le soufflage des bouteilles.

Fig. 22.

insuccès ne découragea point les inventeurs. Plusieurs autres machines furent proposées et essayées. Une d'entre elles fut l'occasion d'une description enthousiaste (3). Nous allons donner une idée de ce qu'était cette machine de Grote (4),

(1 et 2) On trouvera tous les détails dans : HENRIVAUX, *le Verre et le Cristal*, pages 472 et 476.

(3) « An revolutionising Innovation in the Glass Industry », *Feilden's Magasine*, 1899, page 203.

(4) En nous reportant aux diagrammes ci-contre, la fig. (21) donne l'élévation de cette machine à souffler les bouteilles. Le moule du col est serré sur l'admission de l'air et la mesure fixée sur le moule du col. La fig. 22 est une vue de face du même appareil. Le moule du col est fermé, mais le moule du corps est ouvert. Dans la figure suivante (fig. 23) on donne une coupe rectangulaire avec le moule de la forme définitive de la bouteille, placé autour de la bouteille presque formée et serré autour du moule du col. La machine est portée par un bâti formé de deux pièces égales *ab* reliées à un axe mobile creux en communication avec un réservoir d'air comprimé. De chaque côté de cet axe il y a deux moules fixés à un disque mobile *c*. Chaque moule est formé de deux parties qui peuvent être ouvertes, et sur la table *r* se trouve placé le moule définitif. Dans ce moule principal la bouteille est entièrement terminée ; en bas du moule fixé au disque mobile il y a un robinet qui permet de régler l'arrivée progressive de l'air.

Pour faire la bouteille on remplit de verre fondu le moule de mesure, on applique le moule du col et on

qui fut abandonnée, pour bien faire comprendre la suite des perfectionnements accomplis.

La machine comprend une mesure dans laquelle on introduit la quantité de verre suffisante pour faire une bouteille, un premier moule pour le col et un second pour le corps de la bouteille. Une conduite à laquelle sont adaptés des robinets permet le soufflage par l'air comprimé.

Plusieurs autres projets analogues virent le jour (1), jusqu'au moment où M. Boucher, maître verrier à Cognac, vint apporter une solution définitivement satisfaisante aux exigences de la pratique.

La machine de M. Claude Boucher (2) se compose d'un bâti rectangulaire en fonte sur lequel sont fixées deux consoles supportant chacune les appareils qui doivent concourir à la confection de la bouteille. Un premier moule sert à former la bague, un second reçoit le verre nécessaire, puis d'autres moules intermédiaires reçoivent successivement l'ébauche, enfin un dernier moule donne la forme définitive. L'air comprimé qui est employé au moulage de la bague doit être utilisé à 7 à 800 grammes de pression par centimètre carré,

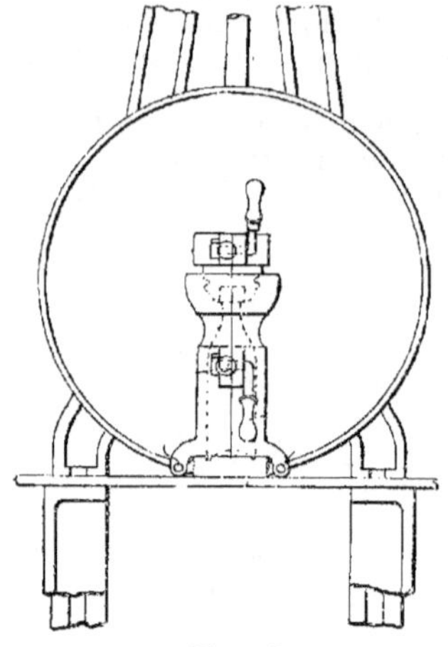

Fig. 23.

celui employé au moulage des corps à 250 à 300 grammes. A l'aide d'une cordeline le verre est cueilli et versé dans le moule mesureur, porté préalablement à 600 ou 700°. L'ouvrier applique immédiatement le compresseur sur le moule et fait agir l'air comprimé. Le verre qui est très chaud descend dans le col du moule et vient prendre la forme de la bague. Immédiatement après le moule mesureur est retourné, le fond de l'ébauche se trouve alors en bas, on laisse s'allonger cette masse de verre très chaude, après avoir ouvert le moule pour dégager le verre. Quand le verre s'est allongé suffisamment, on introduit l'ébauche dans les mou-

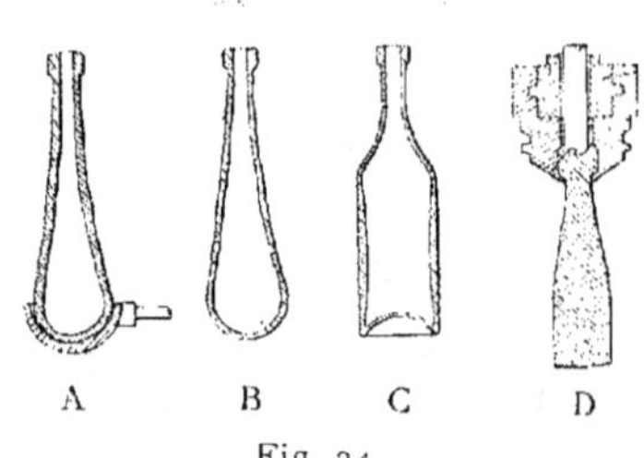

Fig. 24.

les intermédiaires et on envoie l'air à pression plus faible. La bouteille n'a pas encore ses dimensions définitives ; cette ébauche est alors mise dans le moule finisseur où une nouvelle pression donne la forme définitive. La durée de l'opération totale est de 40 secondes, ce qui donne une moyenne de 80 à 85 bouteilles à l'heure au minimum. Un cueilleur de verre ou grand gamin dessert deux machines, de sorte qu'un groupe de trois ouvriers arrive à faire en 8 heures 1.200 bouteilles. En 1900, à l'Exposition universelle, cette machine fut très remarquée, elle valut un grand prix à l'inventeur. Des perfectionnements ont été encore apportés au type que nous avons décrit ; un modèle décrit dans un

ouvre le moule du corps. En injectant de l'air, la bouteille prend les formes de la fig. 24 ; on la reçoit sur une cuiller pour la soutenir. Ensuite on applique le moule terminal et on resouffle.

(1) WENDLER, « Die Entwickelung der Glas blasemaschine », Sprechsaal, 1903, page 553, et APPERT, « Fabrication mécanique des bouteilles », Bulletin de la Société d'Encouragement de Paris, 1903, CV, 2ᵉ p., page 273.

(2) APPERT, Bulletin de la Société d'Encouragement, Paris, 1901, V, page 607. On trouvera dans ce mémoire une description des plus complètes avec toutes les figures nécessaires pour la parfaite compréhension.

brevet plus récent permet de produire 120 bouteilles du poids de 700 grammes par heure. En considérant qu'un groupe de trois ouvriers dessert deux machines, on voit que la production de trois équipes travaillant chacune huit heures amène à une production de 5.500 bouteilles par 24 heures. Un des derniers brevets de l'auteur (1) indique comme caractéristique de l'opération la fabrication en deux phases : allongement d'une ébauche donnée par le moule ébaucheur, puis introduction de cette ébauche allongée dans un moule finisseur, d'où la bouteille sort finie (7).

Le succès remporté par M. Boucher a stimulé les inventeurs ; aussi d'autres brevets ont-ils été pris que nous ne pouvons résumer ici, vu la complication de ces appareils, qui exigerait une trop longue description. Nous renvoyons le lecteur à l'étude des brevets (2). Un seul d'entre eux nous paraît mériter une mention spéciale, c'est celui pris par M. Séverin (3). Les machines ordinaires ne permettent pas de commencer une seconde bouteille avant la fin de la première, aussi l'auteur, pour augmenter la rapidité de la fabrication, a-t-il ajouté au moule un avant-moule, déjà rempli de verre, où l'air comprimé commence à souffler la bouteille, pendant que s'achève la bouteille précédente dans le moule proprement dit. Il y a donc en réalité deux bouteilles en fabrication.

Verre à vitres. — Le procédé général de fabrication du verre à vitres est le procédé des cylindres ; la fabrication des plateaux ou du verre en couronne n'est guère usitée qu'en certaines régions de l'Angleterre, et encore elle tend à disparaître. Le principe de la fabrication est de souffler un cylindre que l'on fend suivant une génératrice, et que l'on étend au four, ou de souffler une masse de verre en une sphère que l'on transforme en ellipsoïde par rotation, puis en un plateau en s'aidant de la chaleur.

En utilisant le mode opératoire proposé par Sievert, et sur lequel nous insisterons plus loin (4), le manchon peut être soufflé mécaniquement (5). On souffle à l'air libre et on balance la masse de manière à déterminer son allongement. Il se forme ainsi un cylindre, l'opération étant calquée sur le travail de l'ouvrier souffleur, mais il devient possible alors de faire des cylindres de grandes dimensions, puisque l'on n'est plus arrêté par les difficultés que rencontre l'ouvrier à souffler un manchon de taille au-dessus de l'ordinaire, qui nécessiterait un effort considérable pour le souffler et une grande dextérité pour le manœuvrer, vu son poids.

Au lieu de faire souffler le cylindre de verre par un ouvrier, on a cherché à obtenir mécaniquement un cylindre en faisant agir sur le verre une traction et une insufflation. Pease (6) indique le mode opératoire suivant : on plonge dans une cuve annulaire, pleine de verre fondu et traversée en son centre par un tube amenant de l'air comprimé, une calotte sphérique que l'on peut élever verticalement au moyen d'une chaîne passant sur une poulie de renvoi. Cette calotte adhère au verre, et lors de son ascension elle attire une nappe de verre autour d'elle qui tend à prendre une forme cylindrique. En s'aidant de l'air comprimé on régularise la forme de la colonne de verre soulevée. L'intensité de la pression est réglée pour un diamètre donné. Si on injecte trop d'air ou si l'on augmente le débit, on accroît le diamètre, il y a donc dans la fabrication d'un cylindre déterminé à tenir compte de la pression de l'air et à éviter qu'elle soit soumise à des variations. La calotte sphérique qui sert d'amorce au manchon est en verre, elle est faite avec les calottes enlevées des cylindres fabriqués précédemment.

(1) Brevet français 333.705, 9 juillet 1903.

(2) PHILOPPOTEAUX, Brevet français 331.840, 22 avril 1903 ; PIAT, Brevet français 320.3 90, 14 avril 1902 ; PAPA, Brevet français 320.545, 7 avril 1903.

(3) Brevet français 331.828, 9 avril 1903.

(4) Voir page 25 et suivantes la description du procédé Sievert.

(5) Brevets français 329.296, 11 février 1903, et 331.911, 14 mai 1903.

(6) Brevet allemand 70.761, 4 novembre 1891.

(7) La machine Boucher est employée aujourd'hui couramment pour des verres genre *opal* à base de cryolithe genre porcelaine). Elle donne d'ailleurs d'excellents résultats avec les verres tendres comme avec les verres à bouteilles.

Cette idée de faire le manchon mécaniquement a inspiré d'autres brevets basés sur des conceptions analogues. Pour avoir du verre en plaques on remplace la calotte sphérique par une pièce en forme de faitière qui, plongée dans deux cuves de verre fondu placées parallèlement, enlève du verre sous forme de deux lames parallèles ayant la largeur de la pièce mobile à laquelle adhère le verre (1).

Le procédé Lubber, qui a fait un certain bruit en Amérique, et sur lequel il n'est pas facile d'avoir des données certaines, est un procédé reposant sur l'étirage du verre, analogue en ses grandes lignes à celui de Pease.

La fabrication de la glace au laminoir n'a pu, comme nous l'avons dit précédemment, être réalisée avec autant de perfection que l'exige la pratique. Mais on a été plus heureux dans la fabrication du verre à vitres. La masse de verre passe entre deux cylindres creux chauffés au gaz (2) qui la transforment en feuille de verre ; du laminoir le verre laminé passe sur une table de fer chauffée et de là dans le four à recuire.

L'idée qui paraîtrait la plus simple à *priori* serait de laminer le verre à vitres comme les glaces au moyen d'un rouleau se déplaçant sur une table. On a objecté à cette manière de faire l'irrégularité du verre ainsi obtenu, qui à cause de sa faible épaisseur emprisonne des bulles d'air en quantité. La Saint-Louis Plate Glass Co arriverait à un résultat satisfaisant en envoyant un courant électrique entre le rouleau et la table : le verre traversé par le courant est rendu plus fluide et lors du passage du rouleau s'applique exactement sur la table (3).

Gobeletterie et cristal. — Les objets usuels : verres à boire, carafes, etc., sont soit en verre blanc commun, soit en cristal. La fabrication de ces objets est trop connue pour que l'on y revienne, mais certains appareils introduits depuis quelques années ont rendu des services qui nous obligent à les mentionner.

Un verre une fois soufflé doit être décolleté, c'est-à-dire débarrassé du verre en excès de la hauteur de ses bords. Autrefois, le verre coupé était bordé (rebrûlé) à l'ouvroir, on a imaginé pour le décolletage et le rebrûlage des instruments simples et pratiques dont l'usage se répand de plus en plus. La décolleteuse de Schubring comprend un axe principal vertical portant un bras sur lequel on a disposé une table qui sert à recevoir le verre. Un bec donne une flamme étroite qui vient toucher le verre et déterminer la rupture à l'endroit où l'on fait un trait.

L'appareil comprend un second bras pouvant se déplacer verticalement et qui porte le stylet traceur d'un côté et le brûleur de l'autre ; tous ces outils sont placés dans le même plan horizontal, de sorte qu'un seul réglage suffit pour le fonctionnement de la machine. La table qui supporte le verre porte un dispositif qui permet de placer chaque verre exactement au centre de la plate-forme. Une décolleteuse se manœuvre facilement, son service est fait par des femmes qui coupent de 4 à 5 verres à la minute.

La refonte des bords se fait maintenant dans de petites moufles alimentées par du gaz soufflé. On introduit le verre dans une ouverture circulaire ménagée dans la moufle, les flammes viennent alors lécher les bords et les refondre. L'opération est très rapide.

Nous devons signaler en passant un nouveau procédé imaginé par la société « L'Oxhydrique » pour le coupage des cheminées en verre dur. Les verres sont placés sur deux rouleaux animés d'une grande vitesse, pendant que deux chalumeaux oxhydriques à haute température et à flammes très fines viennent frapper à la distance voulue le verre, qui se coupe instantanément.

Alors que le verre supporte mal la taille, le cristal gagne à recevoir des facettes. La taille de ce dernier se fait à la meule. On débute avec une roue de fer

---

(1) WETZEL, *Die Herstellung grosser Glaskörper*, Hartleben, Vienne, 1901, page 71.

(2) Dans le brevet français pris par MM. Harrison, Wharton et Wightmann, on revendique l'emploi de deux cylindres *refroidis*. (328.290, — 6 janvier 1903.)

(3) C'est du moins ce que le brevet français 333.888, — 17 juillet 1903, — contient dans ses revendications.

sur laquelle tombe une bouillie de grès blanc, on passe ensuite à la meule de grès rouge et on polit avec de la pierre ponce d'abord et de la potée d'étain ensuite.

Le travail de la taille peut se faire à la machine, il se fait encore beaucoup à la main. La machine construite par l'Automatic Glass Cutting machine, comprend une meule qui vient attaquer le verre placé horizontalement et bien centré dans le support. La meule travaille à grande vitesse et use très rapidement le verre, grâce à l'emploi du carborundum. D'autre part, en réglant le mouvement du verre on peut faire non seulement les côtes plates ordinaires, mais aussi des côtes torses compliquées. La machine une fois réglée fonctionne avec assez de sécurité pour qu'une ouvrière puisse en surveiller plusieurs à la fois.

La gravure à la roue n'est pas la seule qui puisse s'effectuer à la machine. On a introduit il y a quelques années des machines construites en Angleterre qui préparent automatiquement les pièces pour la gravure. Le verre, par exemple, qui doit subir la morsure à l'acide est enduit d'un vernis isolant et porté sur une plate-forme où on le centre et le maintient par des griffes. Une pointe reçoit un mouvement, déterminable à volonté comme direction, qui la fait frotter sur le verre en suivant le chemin que lui trace un guide. Si maintenant on fait tourner la plate-forme qui supporte le verre, il y a combinaison du mouvement de la pointe avec le mouvement de révolution du verre. La machine arrive à tracer des dessins périodiques très réguliers et très variés dont on tire parti dans les cristalleries pour l'ornementation.

Soufflage mécanique. — L'idée de remplacer le souffleur, qui exécute un métier fatigant et épuisant à la longue, par une soufflerie, est déjà relativement ancienne.

La pompe de Robinet était déjà un appareil auxiliaire pour éviter le soufflage de l'ouvrier. Bontemps (1) en fait remonter l'invention à 1821. Il a fallu laisser écouler bien des années depuis cette époque avant de voir aboutir une nouvelle tentative. MM. Appert réalisèrent les premiers, en 1878, une installation de soufflage par l'air comprimé. Les divers perfectionnements apportés successivement au procédé firent l'objet de nouveaux brevets (2) de perfectionnement; quelques communications furent faites sur ces procédés, à diverses Sociétés (3).

En quelques mots nous rappelons le dispositif. La canne à souffler est reliée à la soufflerie d'air à l'aide d'un manchon, composé d'un cône en caoutchouc fixé à l'intérieur d'un tronc de cône dont la petite base peut communiquer par un ajustage et un caoutchouc avec la conduite générale. Le souffleur a devant lui une plate-forme munie de deux pédales, qui font saillie, pouvant agir sur un robinet d'arrêt. En pressant sur l'une de ces pédales, l'ouvrier ouvre un robinet qui lance de l'air dans un tuyau flexible, passant sur une poulie et équilibré par un contrepoids de telle sorte que le tuyau s'allonge ou se raccourcit de lui-même. Ce tuyau s'adapte sur le manchon et donne la latitude d'envoyer de l'air dans la canne à quelque hauteur qu'elle soit sans gêner l'ouvrier par ses enroulements.

C'est grâce à ce procédé que l'on a pu souffler des sphères de dimensions colossales dans lesquelles on découpe les verres de montre. Une sphère de 1 m. 55 de diamètre et dans laquelle on peut enlever 3.000 verres de montre exige un volume d'air considérable et que ne peut donner un homme. Aussi le soufflage a-t-il été un double perfectionnement au point de vue technique et hygiénique, mais il n'a pas reçu encore le développement auquel on aurait pu s'attendre, par simple question de routine.

Un effort considérable a pourtant été fait dans ces dernières années pour obtenir de grandes pièces de verre. Beaucoup des idées protégées par des brevets

(1) *Guide du verrier*, p. 569.
(2). APPERT, brevet français 179.610, — 12 novembre 1886, et 149.370, — 3 juin 1882.
(3) Rapport de M. de LUYNES, 1885, Bulletin de la Société d'Encouragement de Paris, 1893. Société des Ingénieurs civils de France. En 1883, 1887, 1890.

sont restées des conceptions trop théoriques pour voir le jour sans nouveau perfectionnement ; nous allons les résumer en quelques lignes, n'accordant une description qu'à l'invention de Sievert, de Dresde, qui a fait ses preuves.

Tous les procédés proposés dans ces dernières années peuvent être groupés d'après Wetzel (1) dans les désignations suivantes :

1° Soufflage ;

2° Soufflage combiné avec l'étirage ;

3° Soufflage combiné avec l'action de la pesanteur ;

4° Soufflage et pressage ;

5° Action de la pression atmosphérique ;

Ainsi le procédé Appert se classe dans le premier groupe, la fabrication des manchons d'après Pease appartient au second, dans le procédé de Sievert, nous verrons apparaître des modes de travail appartenant aux 3e et 4e groupes. On a proposé dans quelques cas, au lieu de souffler le verre, de l'appliquer dans un moule où l'on fait le vide, c'est le cinquième cas considéré.

Procédé de Sievert pour la fabrication des objets en verre (2). — Le procédé imaginé par Sievert, de Dresde, a été comme une révolution dans la technique, tant

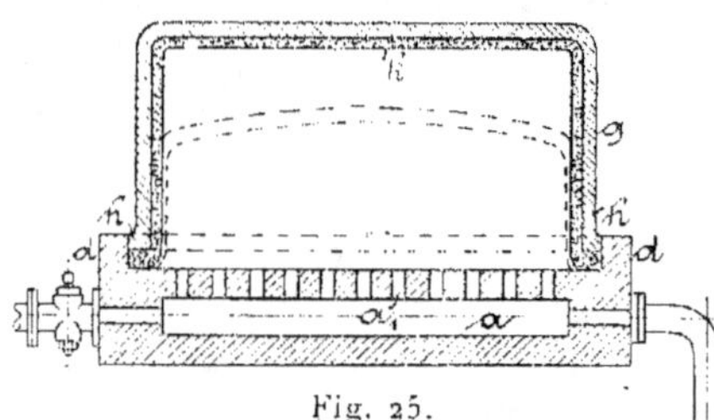

Fig. 25.

par l'originalité du mode opératoire suivi que par l'importance des résultats obtenus. Grâce à lui on a pu faire des objets de dimensions inusitées ou d'une fabrication semblant très difficile à première vue. L'Exposition de 1900 montrait, dans la section allemande, des récipients dont la capacité ne manquait pas d'attirer l'attention des visiteurs. Les inventions de Sievert méritent une mention toute spéciale, et nous allons les décrire avec quelques détails (4).

Le premier brevet de Paul Théodor Sievert, de Dresde, date de 1898 (3), il fut bientôt suivi d'addition et de brevets nouveaux, et des perfectionnements incessants ont été revendiqués par de nombreux brevets jusqu'à l'heure actuelle. Au lieu de prendre une paraison et de la souffler, M. Sievert se sert de verre liquide, cueilli sous cette forme dans le four, qu'il coule sur une table de manière à en faire une plaque de verre. Une fois que le verre a pris une consistance suffisante, on le souffle en employant un dispositif aussi simple qu'original.

Veut-on faire une de ces grosses cuves à section circulaire que la Société Sievert et Cie avait exposées ? La plaque de verre *e* est alors placée sur une plaque métallique percée de trous *a*. Autour de cette plaque on fixe un anneau à rebord métallique *m*, qui vient serrer la plaque de terre, et on assujettit bien le tout de manière que l'anneau maintenant le verre, la plaque de verre et son support constitue un système suffisamment bien résistant pour subir un retournement sans déplacement de ces pièces les unes par rapport aux autres. La plaque de fer creuse fait partie d'une sorte de boîte dans laquelle on peut faire arriver de l'air; cette boîte est supportée par un dispositif qui permet de la retourner de 180°, de manière que la couche de verre qui était à la partie supérieure se trouve à la partie inférieure, comme le montrent les figures. Sous l'action combinée de la pesanteur et de la pression de l'air envoyé entre *a* et *t*, la masse prend d'abord la forme indiquée sur la figure 26, puis atteint progressivement celle d'un cylindre de faible hauteur terminé par une calotte sphérique.

(1) Wetzel, *die Herstellung grosser Glaskörper*, Hartleben, éditeur, Vienne, 1900.

(2) Les procédés Sievert sont exploités en France par la *Cie des Glaces et Verres spéciaux du Nord* dont les usines sont à Jeumont.

(3) Brevet allemand 109.363, 23 novembre 1898.

(4) Voir aussi le *Dinglers polytechnisches Journal*, Stuttgart, 1901, nᵒˢ 17 et 18, p. 265 et 279.

Par soufflage direct sans l'action de la pesanteur on fait également des récipients. La figure 25 indique clairement le dispositif adopté. Sur la boîte creuse dont le couvercle percé de trous laisse passer l'air comprimé, on a posé une plaque de verre préparé comme précé-
demment, dont le pointillé indique la position primitive. La plaque est recouverte d'un moule dont les bords inférieurs viennent serrer le pourtour du verre et le maintenir pendant le soufflage. Aussitôt que l'air agit, le verre se soulève, passe par la forme intermédiaire indiquée par le second pointillé, puis va s'appliquer sur le moule dont elle épouse la forme.

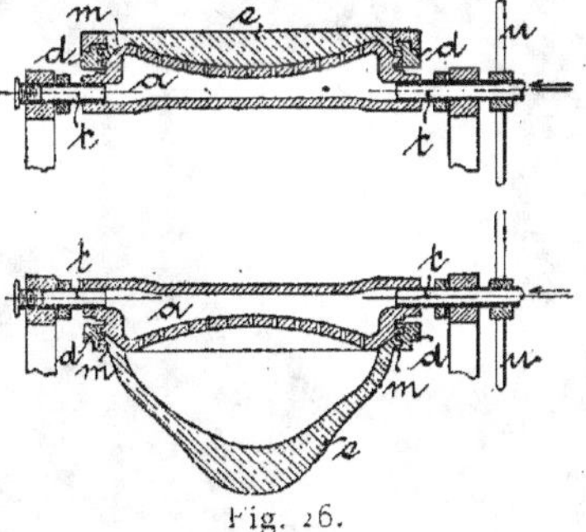

Fig. 26.

La pièce la plus curieuse, tant par sa forme et par ses dimensions, que l'on ait réussi à faire au moyen des procédés Sievert, est la baignoire de verre. Sa fabrication est calquée sur le mode opératoire qui a servi à faire les grands récipients. Nous n'avons qu'à suivre les figures pour saisir aisément les différentes phases de la fabrication. Le verre fondu est coulé (fig. 27) sur la table de soufflage où il est fixé solidement après un refroidissement qui l'amène à l'état pâteux. La figure 28 laisse voir la plaque de verre maintenue sur la table de soufflage au moment où l'on procède à son retournement.

Fig. 27. — Coulage du verre fondu.

Après la rotation du système (fig. 29), on injecte de l'air comprimé, mais au lieu de laisser la masse de verre descendre librement sous l'action de son poids et de l'air comprimé, on la reçoit sur une table placée à une distance convenable. Le verre s'aplatit sur cet obstacle, le fond se forme en même temps que l'air agissant latéralement vient souffler les parois. La dernière de ces figures (fig. 30) montre la baignoire finie, débarrassée des pièces auxquelles elle était fixée.

Comme on peut le deviner en y réfléchissant un instant, ce procédé peut s'adapter à la fabrication d'une quantité d'objets, et l'on peut en tirer un parti

Fig. 28. — Retournement de la plaque de verre à l'état pâteux.

Fig. 29. — Première phase du soufflage de la baignoire.

raisonné très avantageux, car il peut amener des modifications importantes dans les modes de travail actuellement en usage. Ainsi l'auteur peut, par son procédé,

obtenir très bien des manchons de verre à vitres ; au lieu de soufflage à la canne
on opère mécaniquement en partant d'une plaque de verre.

Le procédé de Sievert ne s'applique pas uniquement à l'obtention des grosses

Fig. 30. — Baignoire terminée.

pièces avec le dispositif représenté ci-contre. On voit qu'il est possible de l'utiliser au soufflage, non plus d'un unique objet de grandes dimensions, mais de plusieurs récipients de faible contenance comme des verres à boire. Nous retrouvons dans cette variante du procédé l'agencement habituel, une boîte creuse a
dont le couvercle, per-
cé de trous, laisse pas-
ser de l'air comprimé
qui vient soulever la
plaque de verre e po-
sée à sa surface. Au
lieu d'un moule uni-
que, dans l'exemple
de fabrication repré-
senté par la fig. 31,
nous employons un
moule multiple, et
d'un seul coup nous
obtenons toute une
série de petites pièces.

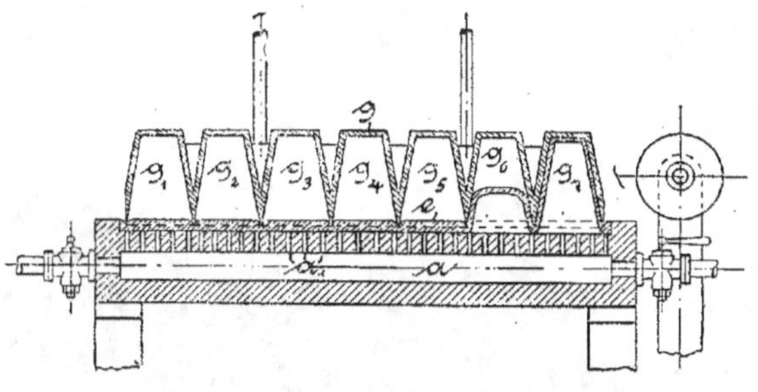

Fig. 31. — Soufflage de pièces multiples.

En même temps que l'air comprimé, l'auteur a mis à contribution la vapeur.
Tout ce que nous venons de dire rentre dans le procédé que nous pourrions appeler le soufflage par voie sèche. Nous allons parler maintenant d'un procédé
que l'on peut presque appeler, faute d'un meilleur mot, soufflage par vaporisation.

En posant une plaque de verre encore rouge sur de l'amiante mouillée, substance qui présente les deux avantages réunis de bien s'imbiber d'eau et de ne

Fig. 32. — Cylindres de verre soufflés par le procédé Sievert.

Fig. 33. — Baignoires de verre fabriquées par le procédé Sievert.

pas se détériorer par la température élevée du verre à façonner, on détermine une
vaporisation de l'eau qui tend à soulever la plaque. Si maintenant on vient appli-

quer sur cette plaque chaude un moule formant couvercle, légèrement mouillé, la pression de la vapeur formée viendra presser le verre sur le moule et le forcer à en épouser les détails. Pour faire une cuvette à photographie, par exemple, on posera le verre sur de l'amiante mouillée reposant sur un support animé d'un mouvement de trépidation mécanique. Le dégagement de la vapeur et la trépidation viennent contribuer à l'étalement du verre. Le moule (fig. 34) sera alors rabattu sur le verre, la pression agira, le moule étant maintenu solidement, l'appareil sera retourné de 180°. On remet ensuite l'appareil dans sa position primitive, on enlève le couvercle et on retire la cuvette moulée que l'on porte à recuire (fig. 35).

Ce mode de moulage « par vaporisation » sert à confectionner beaucoup d'objets plats, tels que des portraits en verre en relief, des sujets décoratifs sur plaque de verre, etc. ; les détails ressortent très bien (1). On peut également utiliser le procédé à l'asbeste mouillée pour faire de la gobeletterie (2).

Sur une plaque d'amiante, mouillée, creusée au milieu d'une cavité suffisante pour contenir le verre nécessaire pour faire un gobelet, on coule du verre fondu. On applique ensuite un anneau qui vient presser sur le pourtour du verre ; la vapeur d'eau

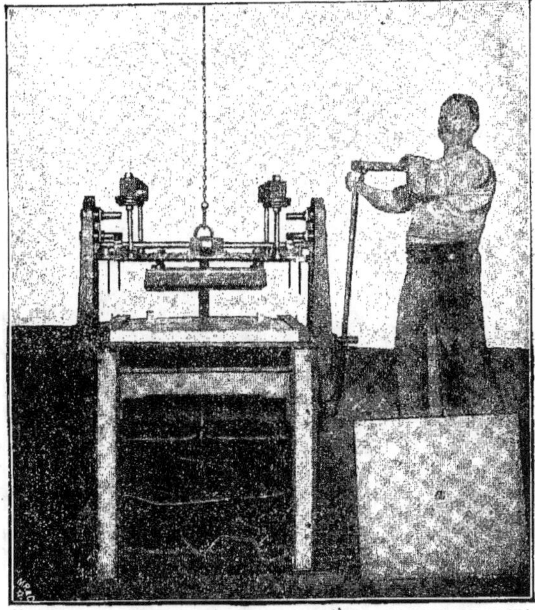

Fig. 34. — 1re phase du moulage d'une cuvette de verre.

Fig. 35. — 3e phase du moulage de la cuvette de verre.

(1) A l'Exposition universelle de 1900 il y avait un motif décoratif mural en carreaux de verre moulés par ce procédé. Il couvrait 10 mètres carrés environ.
(2) *Prometheus*, Berlin, 1901, n° 594, p. 345. Description avec 4 fig., montrant la marche de l'opération.

formée ne pouvant plus s'échapper souffle le verre et lui donne une forme conique. Ce cône de verre est alors retourné et introduit dans un moule ayant la forme du gobelet. Son poids le force à s'allonger et à s'élaler dans le moule. Pour donner au verre, encore pâteux, la forme définitive, on place au-dessus du moule une plaque d'amiante humide ; la vapeur d'eau qui se dégage ne trouvant pas d'issue, vient presser le verre sur les parois du moule et l'obliger à entrer dans tous les détails. Il n'y a plus qu'à démouler ensuite et à couper le rebord ; l'objet est terminé.

Il y a dans ce nouveau procédé un remarquable avantage sur l'ancien, notamment au point de vue de la rapidité ; de plus, la manœuvre est simple et l'apprentissage d'un ouvrier est plus rapide que celui d'un souffleur.

Fig. 36. — Spécimen de plaque en verre moulé par le procédé Sievert. (Portrait de M. Mac-Kinley.)

Fabrication des récipients de grande contenance. — En dehors du soufflage, on peut recourir au moulage. La Société de Saint-Gobain fabrique des récipients cylindriques de grande contenance en suivant le procédé suivant dû à M. Appert (1). Le verre fondu est introduit dans un moule cylindrique dont le fond peut se soulever en laissant un vide entre les parois égal à l'épaisseur de la pièce. En faisant monter ce piston, le verre s'élève en remplissant la cavité cylindrique. L'arrêt du piston à une hauteur convenable permet de former le fond avec le verre excédent qui le recouvre.

Verres d'optique. — La fabrication des verres d'optique a fait de grands progrès au point de vue chimique ; les verres destinés à la construction des appareils tels que télescopes, lunettes, objectifs, ont été étudiés avec beaucoup de soin au point de vue des relations qui lient les propriétés physiques à la composition chimique. Ce sujet, en dehors de notre cadre, ne sera pas traité ici, nous nous contenterons de rappeler les grandes lentilles faites récemment pour de puissants instruments.

Notons en particulier que M. Mantois avait exposé en 1900 une lentille de 1 m. 25 de diamètre pesant 412 kil. ( ). En 1889, la plus grande lentille n'avait que 1 m. 05 de diamètre.

(1) Brevet 200.473, 29 août 1889.

(2) Voir pour la description complète *Annuaire Bureau des longitudes* de Paris, 1899.

III. — Le verre dans la construction.

Le verre se prête fort bien, par suite de la facilité de son travail, à l'obtention de produits géométriquement definis comme ceux qui servent à la construction. Le dallage en verre est connu depuis longtemps, et l'on connaît l'avantage que présentent, au point de vue de l'éclairage des sous-sols, les planchers dallés er verre. Ces planchers ainsi constitués sont suffisamment résistants, et dans le dallage de la gare de l'Esplanade des Invalides, construite en 1900 à Paris, on a admis comme coefficient de rupture 250 kil. par centimètre carré. Le procédé de fabrication de ces dalles et des vitres épaisses utilisées pour la construction des serres est des plus simples, il consiste à couler du verre sur une table métallique portant la forme en creux et à laminer avec un cylindre uni.

On a proposé également de faire servir le verre à la confection de matériaux de toutes sortes, de manière à pouvoir construire une maison en verre. Nous considérons l'idée d'une maison toute en verre comme une curiosité, et nous renvoyons le lecteur qui s'intéresse à cette question à l'ouvrage de Henrivaux (1). Un docteur hollandais, pourtant, M. Van der Heyden, s'est fait ériger une maison de verre à Yokohama, laquelle ne mesure pas moins de 13 m. 50 de long, 7 m. de large et 5 m. 20 de haut. Avec une matière transparente, il n'est plus besoin de fenêtres pour voir clair à l'intérieur; aussi peut-on les supprimer et n'admettre l'air qu'après passage sur des filtres le debarrassant de germes et de poussière. Dans une exposition, le verre est mieux à sa place et le Palais lumineux de 1900, dont chacun se souvient, valut à la Société de Saint-Gobain un légitime succès pour la part qu'elle avait prise à cette construction. Cette Société avait fourni toutes les glaces et le verre moulé; le verre soufflé provenait de la Verrerie de Saint-Denis, Legras et Cie, à laquelle revient également une part légitime du succès. Il est inutile de reprendre ici la description de cet édifice curieux dont tous les visiteurs de l'Exposition ont certainement gardé le souvenir.

Verre armé (2).—Le verre armé, c'est-à-dire le verre contenant dans sa masse un treillis métallique, a fait son apparition il y a déjà quelques années ; ses avantages, au point de vue de la résistance, sont des plus appréciables. En cas de rupture les fragments restent retenus par le treillis au lieu de se séparer, comme dans le verre ordinaire.

D'après la nomenclature des brevets c'est un nommé Hyatt, de New-York, qui paraît avoir eu le premier l'idée d'introduire du fil de fer, sous forme de toile métallique, dans une masse de verre, de façon à en faire des feuilles de verre pouvant remplacer les vitres ordinaires. Le procédé rudimentaire de Hyatt ne pouvait donner aucune satisfaction.

Une série de brevets se succèdent apportant tous une solution plus ou moins approchée de la question. Ce n'est qu'en 1892 que Shuman (3) de Philadelphie trouve une solution pratique : il introduit dans le verre un réseau métallique, par enfoncement ou insertion dans une couche de verre encore fluide et malléable. Le premier il livra du verre armé en quantité notable : en 1894 il fabriqua les 30.000 mètres carrés qui forment la couverture de la nouvelle gare de Philadelphie. Le procédé Appert (4) fait son apparition en 1893, il reprend l'idée émise en 1886 par Bécoulet et Bellet, d'introduire un réseau métallique entre deux couches de verre laminées successivement. La modification consiste à laminer simultanément les deux couches de verre. Ces deux procédés sont les types caractérisant les moyens

(1) Henrivaux, le Verre et le Cristal, pl. XXX de l'atlas.
(2) Bulletin de la Société d'encouragement, 1902, page 745 ; Moniteur scientifique de Paris, 1902, page 786.
(3) Brevets américains 483.020, 483.021, 1892, et 510.716, 510.822, 510.823, 1893.
(4) Brevet français 233.528, 9 octobre 1893, et addition du 6 avril 1894.

pratiques de fabrication de ce genre de verre. Tous les autres procédés brevetés ultérieurement sont des modifications plus ou moins heureuses des procédés Shuman et Appert.

En France on fabrique également ces deux sortes de verre : à Saint-Gobain on fait le verre armé Appert, à Jeumont le verre armé Shuman.

Les propriétés nouvelles et primordiales que procure au verre la soudure intime avec le réseau métallique sont la cohésion et la ténacité. Si l'on vient à casser un morceau de ce verre, les fragments restent jointifs : comme nous l'avons dit plus haut, ils adhèrent les uns aux autres, et ce n'est qu'en brisant le réseau métallique qu'on parvient à les séparer. La résistance du verre laminé qui est de 210 à 215 kgr. par centimètre carré, peut être doublée ou même triplée dans le verre armé.

Cette propriété précieuse donne une sécurité en cas de surcharge additionnelle.

La résistance à l'échauffement est aussi très appréciable ; le verre armé ne se rompant pas avec séparation des débris devient très important à considérer au point de vue des incendies. Alors que le verre ordinaire livre passage aux flammes, le verre armé reste en place et forme une cloison suffisamment étanche. La ténacité du verre armé offre une garantie au point de vue des tentatives d'effraction, car ce verre ne peut être coupé par aucun des moyens ordinaires.

Le verre armé a donc une large place indiquée dans la construction, et il commence à se répandre en France. Il est même assez curieux de constater qu'il y a chez certains architectes un goût prononcé pour l'emploi du verre armé de Bohême, qui n'a rien de commun avec le verre de Bohême, car c'est un verre à glaces tout comme le verre français. Le seul avantage du consommateur doit être de le payer un peu plus cher, par suite des frais de transport !

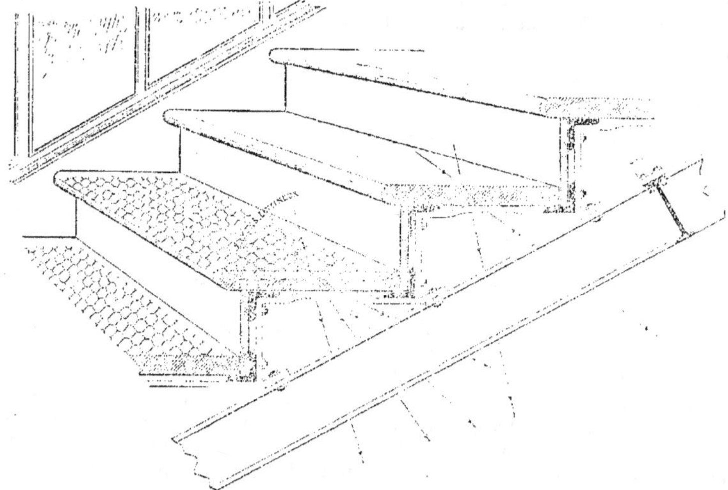

Fig. 57. — Escalier en verre armé.

Toutes les fois qu'il s'agit de produits nouveaux, on cherche à en multiplier les applications ; en dehors de son emploi comme vitrage, le verre armé peu servir à faire des marches d'escaliers. Grâce à leur transparence les marches peuvent être éclairées par-dessous, et en se servant de marches et contre-marches en verre armé on a un escalier léger, solide et très clair.

Dans le soubassement des devantures, le verre armé a trouvé une utilisation sous forme de dalles décoratives qui forment une fermeture translucide et résistante, qui permet l'éclairage pendant le jour et la transformation en panneaux lumineux le soir.

Prismes Luxfer (1). — Pour éviter un jour crû, il faut diffuser la lumière. En employant des surfaces prismatiques on peut obtenir des résultats que ne donne pas la surface plane des vitres quand les rayons lumineux viennent les traverser. On a, dans le système Luxfer, constitué la vitre avec des plaques de verre dont la face externe, opposée au jour, est constituée par une surface ondulée à arêtes nettes. La vitre se présente donc comme une série de prismes accolés les uns aux autres. Selon les conditions dans laquelle se trouve la pièce à éclairer, il faut choisir un prisme d'un angle déterminé, et l'inventeur a dû établir un rapporteur indiquant le choix à faire pour obtenir un bon rendement. Ainsi la lumière la plus basse sera projetée suivant une direction horizontale ou légèrement inclinée, tandis que la lumière la plus haute reçue par la plaque prismatique sera réfractée suivant une direction au-dessus de l'horizontale et variant de 25° à 45°. Avec ce dispositif les rayons lumineux viennent frapper toutes les parties de la pièce et l'éclairer.

Cette solution élégante aurait l'inconvénient, si l'on ne suivait que des considérations théoriques, d'exiger une multitude de modèles de prismes et de nécessiter dans une même installation une quantité de prismes différents, inconvénient réel dans l'usage et qui a amené à des solutions plus simples. La Société de Saint-Gobain fait des verres prismatiques losangés qui donnent de bons résultats avec des procédés plus simples de fabrication et un emploi plus commode.

Tuiles de verre. — En associant la tuile de terre cuite à feuillure avec la tuile de verre de même modèle, il devient possible d'éclairer le local placé immédiatement au-dessous du toit, sans créer des ouvertures spéciales. Il est même possible de déplacer la tuile et de la porter en un autre endroit si l'endroit choisi primitivement pour l'éclairage n'est pas bien placé. Saint-Gobain, entre autres, fait beaucoup de tuiles de ce genre.

Verre perforé. — Pour obtenir une bonne ventilation, M. Emile Trélat avait songé à faire construire des vitres laissant passer à la fois la lumière et l'air, de manière à assurer un échange constant de l'air confiné avec l'atmosphère extérieure.

Ce verre perforé a été fabriqué par MM. Appert, en coulant le verre liquide sur une table garnie de saillies ayant la forme et l'espacement des trous que l'on veut obtenir. Pour amener le verre à l'épaisseur voulue, on exerce une pression au moyen d'un rouleau guidé sur des règles de hauteur appropriée ou au moyen d'une presse. Au lieu de donner aux saillies une longueur supérieure à l'épaisseur du verre, on laisse au contraire un léger excédent d'épaisseur ayant 1/5 de millimètre environ. Le verre qui vient d'être fabriqué est alors complètement bouché ; on perce cette couche mince de verre au foret, au jet de sable ou encore à l'acide fluorhydrique.

Ces verres perforés donnent une ventilation énergique que l'on peut atténuer et régler au moyen de volets ou faire cesser avec un vasistas à verre plein.

En se servant d'un cylindre gravé, le verre qui sort de cette sorte de laminoir a une face unie et une face ornementée. Ce genre de verre sert au vitrage et donne de jolis effets.

Verre imprimé. — On appelle ainsi du verre laminé entre deux cylindres d'après le procédé imaginé par MM. Chance.

Glaces platinées. — La Société de Saint-Gobain a montré en 1900 des glaces platinées fort intéressantes. Quoique ayant reçu une couche de métal les

---

(1) Voir à ce sujet le *Bulletin de la Société Scientifique et Industrielle de Marseille* (1er et 2e trimestres 1903), article avec d'intéressantes figures.

rendant réfléchissantes, elles sont transparentes, de sorte qu'elles peuvent remplir le rôle de glaces dans une galerie, une antichambre, tout en laissant pénétrer de la lumière dans une alcove ou un corridor.

Tuyaux métalliques à revêtement en grès. — Un revêtement intérieur de verre présente de grands avantages pour la conservation des liquides circulant dans les tuyaux, seulement il a été difficile jusqu'ici de déterminer l'adhé-

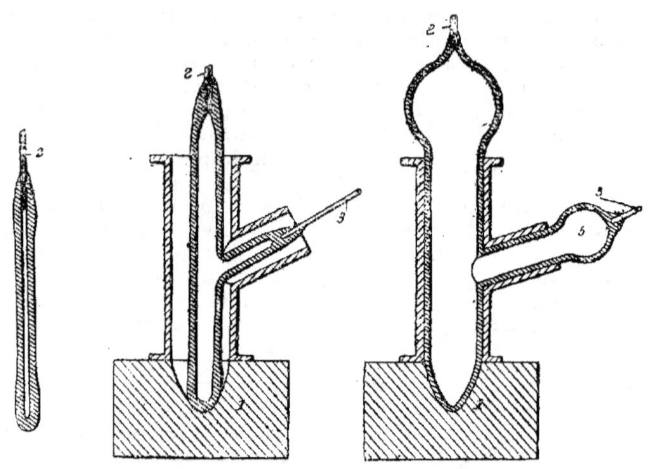

rence sans l'emploi d'un ciment. M. Bergier (1) a proposé d'appliquer directement le verre sur le tuyau par soufflage. Le verre s'applique à chaud sur le tuyau chauffé au rouge blanc ; par soufflage on lui fait épouser la forme du tuyau. Les figures montrent clairement les différentes phases de l'opération.

Opaline. — L'opaline est un verre translucide mais non transparent, comme son nom l'indique. Ce verre qui doit son aspect spécial à une dévitrification peu avancée, est un verre très dur, inaltérable, que l'on peut couler en grandes surfaces. La Société de Saint-Gobain a créé un produit très agréable d'aspect, à teinte légèrement azurée, qui possède une dureté suffisante pour l'emploi. Il semble que cette matière pourrait trouver plus d'usages qu'elle n'en a si l'on étudiait avec plus de persévérance le moyen de la décorer. Grâce à sa nature vitreuse elle peut recevoir des émaux à tons vifs et s'incorporer un décor en couleurs, inaltérable comme le décor céramique, soit en peinture, soit en impression. Les échantillons d'opaline façonnés en carreaux décorés propres au revêtement, que possède la Société de Saint-Gobain, sont d'un heureux effet, et il semble qu'il y a là un débouché tout trouvé pour le décor des salles de bain et des cabinets de toilette. La matière est brillante et gaie et supporte le lavage tout comme le carrelage céramique.

Pierre de verre. — L'idée de M. Garchey a été de réunir par fusion, dévitrification et fusion, des fragments de verre en un bloc solide auquel on donne par moulage une forme convenable. Pour cela les déchets de verre sont lavés, réduits en fragments et passés dans un classeur qui fait le tri des différentes grosseurs. On place alors les poudres de verre dans un moule en fonte. Ce moule est placé d'abord dans un four où il s'échauffe pendant une heure, pendant ce temps le

(1) *Génie civil,* 1903, I, 80.

verre se dévitrifie en même temps qu'il se ramollit, le moule est donc rempli
d'une masse pâteuse, consistante. Il est porté dans un four à une température
plus élevée, à 1.300°, dans lequel il ne séjourne que quelques minutes, le temps
de prendre la température. On enlève alors la masse de verre bien chaude
et on la soumet à l'action de la presse hydraulique ; le moulage s'effectue ensuite
par une opération qui ressemble fort à l'estampage. La pièce est finie, mais elle
a subi un refroidissement que l'on ne doit pas laisser s'accentuer trop. Un
troisième passage au four, de refroidissement, lui donnera la stabilité nécessaire
par le recuit. Ce n'est qu'après cette dernière chauffe que l'on démoulera. (1).

La pierre de verre a un aspect variable, suivant le verre employé dans sa
composition, suivant son grain, et l'on a fait des pierres, au début de la fabrication, qui présentaient une grande ressemblance avec de certaines roches à gros
grains.

Ce matériel nouveau pour la construction a des qualités de résistance appréciables. A l'écrasement la pierre de verre supporte 2.023 kgr. par cq. : sous l'in-
fluence de la ge'ée, la matière se comporte bien ; enfin les essais d'usure par
frottement l'ont classée parmi les pierres de taille les plus dures. Au choc, à l'arra-
chement, la résistance est encore très remarquable, de sorte que ce produit
mérite d'être examiné avec intérêt.

. Le moulage de la pierre de verre ne s'est pas toujours effectué sans difficulté.
Dans les moules il y avait souvent une adhérence entre la paroi du moule et
la matière fondue.

M. Crochet a heureusement tourné la difficulté d'une façon très simple. Le
moule dont il se sert est un moule en terre réfractaire qu'il double par un second moule en papier.

Dans le four de fusion, le papier brûle et forme une pellicule de carbone, in-
terposée entre la paroi du moule réfractaire et la masse fondue, qui suffit pour
empêcher l'adhérence. En appliquant sur ce moule des poudres pouvant fournir un
colorant, il devient possible de nuancer comme on le désire et facilement le
produit moulé.

La pierre de verre est employée dans les travaux de construction des gares
du Métropolitain de Paris, et l'usage qu'elle a fait depuis quelques années permet
de présumer qu'elle pourra faire un long service. On pourrait lui objecter sa ten-
dance à produire une surface trop unie, et, par suite, très glissante dans les en-
droits où elle subit un frottement continuel, comme dans les escaliers. Dans le
revêtement elle est mieux à sa place

En terminant ce chapitre, nous devons signaler la *Marblite*, sorte de verre
marbré fabriqué par les glaceries de Floreffe (Belgique). Ce produit est obtenu
par le coulage dans un moule en fonte d'un mélange incomplètement formé, de
divers verres colorés.

IV. — Verres spéciaux

Le verre ordinaire, comme nos lecteurs le savent, est un silicate bibasique
plus ou moins complexe dans lequel le rapport des bases à l'anhydride est plus
ou moins voisin de 1 à 3. La composition du verre lui-même, c'est-à-dire la
nature des bases et leur rapport, modifie ces propriétés physiques, aussi a-t-on
cherché, en donnant à certains verres une composition spéciale, résultant de
l'addition d'éléments autres que ceux que l'on rencontre dans les verres usuels,
à leur communiquer des propriétés particulières. Le traitement physique que
subit le verre modifie aussi ses propriétés. Ces considérations nous amènent à
dire quelques mots de la trempe du verre et des qualités de certains verres spéciaux.

(1) Henrivaux, *la Verrerie au XXe siècle*, page 294, édité par Bernard et Cie, Paris, 1903.

Verre trempé. — On trempe le verre depuis relativement longtemps, et chacun connaît les propriétés intéressantes que prend le verre après cette opération. Un moyen original, probablement des moins connus de nos lecteurs, pour tremper le verre, a été indiqué dès 1875 par MM. Boistel et Léger : c'est la trempe au moyen de la vapeur d'eau, cette dernière remplaçant les corps gras. Ce mode opératoire est avantageux, en ce sens qu'il est souvent plus facile d'injecter de la vapeur d'eau sur une pièce que de tremper la pièce elle-même.

La trempe se fait dans le four à recuire quand les objets ont atteint la température requise. Lorsqu'on recuit au four continu, le trempage s'effectue entre la zone de réchauffage et de refroidissement dans une région du four que l'on peut isoler par des registres et dans laquelle on peut injecter de la vapeur dans différents sens. Les objets sont posés sur des toiles métalliques, ou maintenus par des supports à claire-voix, de manière que la vapeur puisse circuler librement. S'il s'agit d'objets creux, on injecte la vapeur au moyen d'un ajutage plongeant. Il n'est pas nécessaire dans certains cas d'opérer un réchauffage pour effectuer la trempe. Le verre à vitres, aussitôt l'étendage du manchon, peut recevoir la trempe ; si cette dernière est faite avec précaution, le verre supportera bien l'action du diamant lors du découpage. Les glaces se trempent également bien dès leur coulage. Comme il est nécessaire de supporter les vitres et les glaces par un support rigide, pour éviter leur déformation, il s'ensuit que le refroidissement n'est pas le même sur les deux faces, et que la trempe est plus douce sur la face en contact avec le métal. On arrive très bien à donner une trempe égale en mettant le verre entre deux plaques métalliques bien dressées ; ce mode opératoire a, en outre, l'avantage d'assurer une bonne planimétrie.

Verre sili-chromé. — C'est à la cristallerie de Choisy-le-Roi, de MM. Houdaille et Triquet, que l'on doit la découverte de ce verre. Le verre sili-chromé est une matière dure, dont le point de ramollissement est beaucoup plus élevé que celui du cristal ou du verre. Sa résistance aux variations brusques de température l'a rendu très intéressant pour la fabrication des cheminées de verre destinées aux becs d'éclairage par incandescence. On peut soumettre un bec allumé, muni d'une cheminée de ce verre, à un courant d'air froid sans jamais le faire éclater ; bien plus, on peut même asperger d'eau ce verre, la cheminée ne se brisera pas. Les gerçures, s'il s'en produit, ne s'élargiront pas, elles iront en se resserrant ; une gerce unique se fourchera en son extrémité, au lieu de se prolonger, et s'arrêtera. Pour les tubes de niveaux des chaudières, ce verre est également tout indiqué.

Le verre sili-chromé est transparent comme le cristal, sa densité est un peu au-dessous de celle du verre, elle n'est que de 2,27. Cette légèreté relative tient probablement à la nature chimique de ce verre, dont la composition est tenue secrète.

Ce genre de verre a l'inconvénient de se travailler difficilement et de se roder fort mal, par suite de sa dureté.

Verre de quartz. — Le quartz ne donne pas un vrai verre au sens rigoureux du mot ; cependant, comme il forme une masse pâteuse quand on le chauffe fortement, et restant vitreuse après fusion, on a donné au quartz fondu et travaillé cette désignation inexacte, faute d'une meilleure. Depuis quelques années on trouve dans le commerce des appareils en quartz fondu, semblables aux ustensiles de verre employés dans les laboratoires ; aussi devons-nous dire quelques mots de ce verre de quartz.

La technique du verre de quartz comprend deux opérations : la fusion du quartz et le façonnage du verre quartzeux fondu.

Au-dessus de 1.800° le quartz est suffisamment ramolli pour subir un travail. Pour fabriquer des tubes ou des récipients on commence par coller à la chaleur de la flamme du chalumeau oxhydrique deux fragments de quartz ; on ajoute à

ce bloc un troisième morceau, et on continue ainsi jusqu'à ce que l'on ait agglo-
méré une masse suffisante en forme de bâton. Pour faire un tube on effile cette
baguette de quartz, comme on file du verre, et on vient l'entourer sur un fil de
platine épais, ou bien on en fait une spirale. On chauffe alors fortement pour
fondre ces spires et les souder entre elles. Ce tube est alors réchauffé, peut
être étiré, et fondu à une extrémité et traité alors comme un tube de verre au
bout duquel on veut souffler une boule. En opérant ainsi, on obtient les ballons
de quartz.

**

Comme le lecteur a pu s'en rendre compte dans la revue rapide qui précède,
c'est dans le travail du verre qu'ont été apportées les plus importantes innovations. Depuis l'apparition du four à bassin on n'a pas réalisé de bien grands
progrès dans le chauffage du verre ; et ce dernier appareil, bien qu'il rende de
grands services, pourrait subir encore des améliorations, principalement en ce
qui concerne l'affinage du verre. Le four électrique est dans la période des essais :
il est donc difficile de chercher à deviner par quelle voie viendra le progrès qui
facilitera la fabrication du verre.

Le façonnage est dans une période de transformation des plus intéressantes.
La verrerie avait autrefois ses ouvriers spéciaux, ayant entre eux une sorte de
hiérarchie. L'introduction de la machine vient d'y apporter un grand changement ;
il est permis de prévoir que l'on soufflera de moins en moins, et peut-être, dans
un avenir assez rapproché, le souffleur disparaîtra-t-il, remplacé par un ouvrier plus facile à fournir, dont le seul rôle sera de faire fonctionner une machine. Au point de vue de l'hygiène, ce sera certainement un bien, mais pour
le moment encore, dans beaucoup de cas, l'apport de la machine dans l'usine ne
se fera pas sans grandes difficultés de la part du personnel, et cette évolution ne
pourra s'effectuer que progressivement.

LE MOIS
Scientifique
et
Industriel

Revue des Revues Techniques

8, rue Nouvelle — PARIS (9e)

————— ✳ —————

Le M. S. I. est honoré d'une subvention de la Société d'encouragement pour l'Industrie Nationale et d'une subvention de l'Association française pour l'avancement des Sciences.

MULTA PAUCIS

Cette Revue publie chaque mois, après les avoir classés méthodiquement et suivant un ordre pratique, les résumés accompagnés de croquis et de photographies des principaux mémoires publiés par les revues techniques du monde entier, en quelque langue qu'ils soient.

Ces analyses, faites par des spécialistes, donnent l'essence même du travail résumé, en signalant tous les points intéressants et nouveaux dans *l'ordre pratique*.

Elle est, en premier lieu, l'outil indispensable de l'ingénieur et de l'industriel qui veulent suivre sans grande dépense et sans grand effort les perfectionnements apportés dans leur industrie.

C'est aussi un recueil intéressant et instructif pour tous ceux qui veulent, sans approfondir les questions, se donner une idée générale des travaux considérables accomplis dans les différentes branches industrielles.

Nous conseillons donc à tous ceux qui veulent avoir une idée de cette importante publication de solliciter l'envoi d'un

SPÉCIMEN GRATUIT *(Joindre 0.30 pour les frais.)*

Le spécimen envoyé a pour but de donner une idée approximative de l'état actuel de la Revue, qui a aujourd'hui de 129 à 160 pages par mois. Ce spécimen montre bien la façon dont est réalisée notre devise « Multa Paucis ».

L'abonnement comprend **24 FASCICULES** mensuels, plus un **SUPPLÉMENT** important publié à l'occasion du **Congrès annuel** de l'*Association française pour l'avancement des Sciences*, et qui, paraissant quelques jours **avant** l'ouverture du Congrès, contient le résumé des communications qui doivent y être faites.

Enfin, chaque année, la Revue publie **4 monographies très documentées** sur des industries différentes, accompagnées d'index bibliographiques complets et d'annotations sur les renseignements pratiques (main-d'œuvre, etc.).

La prochaine monographie sera :

Les méthodes modernes de paiement des salaires

BUREAU TECHNIQUE
du *M. S. I.*

8, Rue Nouvelle, 8, PARIS (9ᵉ)

—◇—

LE BALLET

DES

VINGT-QUATRE HEURES

AMBIGU COMIQUE,

Repreſenté devant Sa Majeſté à Chantilly,
le 5. Novembre 1722.

A PARIS,

Chez SIMART, Libraire & Imprimeur de S. A. S.
Monſeigneur le Duc.

M. DCCXXII.

ACTEURS

DU PROLOGUE.

MARS,	Le sieur Tevenart.
LA PAIX,	Mademoiselle Antier.
MINERVE,	Mademoiselle Misnier.
UN CORIPHE'E,	Le sieur Dun.
UN PLAISIR,	Le sieur Tribout.

TROUPE DE JEUX ET DE PLAISIRS.

Les Sieurs,	*Mesdemoiselles,*
Mansienne.	Antier, cadette.
Duchesne.	Julie.
Renier.	Du Coudray.
Grenet.	Catin.
Deshaies.	Souris, cadette.
Le Myr, l'aîné.	Milon.
Le Myr, c.	
Corbi.	

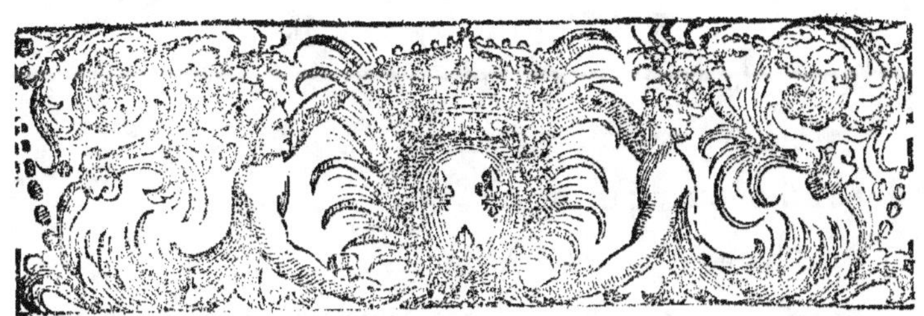

PROLOGUE.

Le Theatre represente le lieu le plus agreable de Chantilly.

UN CORIPHE'E.

Riades & Silvains sortez de vos Forêts,
Nymphes des Eaux, quittez le sein de l'Onde;
Venez; à ces augustes traits
Connoissez le Maître du Monde.

Il a d'un jeune Dieu le port & les attraits,
Que de majesté ! que de graces !
Son regard enchaîne les cœurs.
Doux Plaisirs volez sur ses traces ;
De son nouvel Empire annoncez les douceurs.

TROUPE DE PLAISIRS.
UN PLAISIR.

On en goûte déja les heureuses prémices ;
La Paix, la douce Paix , y fait regner les Jeux :
De son Peuple il est les délices ;
Quel Regne sera plus heureux ?

A ij

LE CORIPHE'E.

Fortunez Habitans de ces belles Retraites,

Celebrez ce jour glorieux ;

Il honore à jamais ces lieux.

Par vos chants & sur vos Musettes,

Rendez-lui de vos cœurs l'hommage précieux :

Cet hommage est aux Rois ce qu'est l'encens aux Dieux.

MARS.

Hé quoi ! sans m'appeller on fait ici des Fêtes ?

Mars a·t'il pû le soupçonner ?

Dans les Jeux de LOUIS ainsi qu'en ses Conquêtes,

Je dois seul ordonner.

Taisez-vous timides Musettes,

Vous amolissez mes Concerts ;

Eclatez bruyantes Trompettes,

De vos sons remplissez les airs.

Venez, brillez de tous vos charmes,

Honneurs, Gloire promise aux celebres Exploits ;

Non, non, ce n'est qu'au bruit des Armes

A frapper l'oreille des Rois.

Mais ! que prétend la Paix ? faut-il qu'elle ravisse....

LA PAIX.

Fille du Ciel, Mere de la Justice,

Je le suis aussi des Plaisirs ;

De leurs doux chants que l'écho retentiſſe;
Quelque gloire que Mars aux Heros garantiſſe,
    Je dois être toujours l'objet de leurs deſirs.

    Fille du Ciel, Mere de la Juſtice,
    Je le ſuis auſſi des Plaiſirs.

    Que toujours ces heureux climats
    Des Jeux, des Ris ſoient les aziles;
    Que toujours à ma voix dociles,
    Ils y répandent leurs appas.

MINERVE.

Fuyez, Mars, fuyez, loin de la tranquile France;
    De ce Héros naiſſant reſpectez les Etats.
Les Vertus, les Talents, ont guidé ſon enfance;
    Si des Voiſins jaloux irritent ſa puiſſance,
    Un Laurier à la main la Gloire le devance,
    Vous ſerez trop heureux de marcher ſur ſes pas.

    CHOEUR *de Jeux, de Ris, & de Plaiſirs.*
Fortunez Habitans, &c.

LE CORIPHE'E.

Pour les Plaiſirs d'un Roi dont les Vertus aimables,
    Nous aſſûrent des jours heureux;
Pendant le tems qu'il daigne accorder à nos Jeux,
HEURES, partagez-vous en moments agreables.

    Fin du Prologue.

Ce Ballet est divisé en Quatre Parties.

Premiere Partie, LA NUIT.

Deuxiéme Partie, LA MATINE'E.

Troisiéme Partie, L'APRESDINE'E.

Quatriéme Partie, LA SOIRE'E.

L'idée du Ballet, les paroles qui se chantent, & les diverses petites Comedies & Scenes détachées qui se representent par les Comediens François & Italiens, sont du sieur LE GRAND, Comedien du Roi.

La Musique est de la Composition du sieur AUBERT, Ordinaire de la Musique de S. A. S. MONSEIGNEUR LE DUC.

Les Entrées sont du sieur BLONDY.

LE BALLET

DES
VINGT-QUATRE HEURES;

AMBIGU COMIQUE.

Le Theatre represente la Ville de Paris.

PREMIERE PARTIE.
LA NUIT.

La Nuit paroît sur son Char, Minuit sonne; on entend un Carillon de toutes les Cloches de Paris.

L'HEURE DE MINUIT,   le sieur Mansienne.

U doux son
De mon Carillon,
Lorsque tout sommeille,
L'Amour se réveille,
Au doux son
De mon Carillon.

Je n'endors que l'Amant barbon,
Le jeune a la puce à l'oreille
Au doux fon
De mon Carillon.

PREMIERE ENTRE'E.

SIX HEURES *de la Nuit tenant une Cloche d'une main & un Marteau de l'autre, fonnent à plufieurs reprifes.*

Mefdemoifelles Corail, la Feriere, Duval, le Maire, de Laftre, de Rey.

SECONDE ENTRE'E.

DES CHAUVESOURIS, le petit Javillier, Mademoifelle Petit.

Arlequin vient pour donner une Serenade à Sa Maîtreffe.

Récit D'ARLEQUIN.

D Eéffe des Chauvefouris
Déployez vos voiles fombres;
Par le fecours de vos ombres
La nuit tous chats font gris.

SCENES DE COMEDIE.

Arlequin dit qu'il n'a point d'argent pour donner une Se-renade à fa Maîtreffe; Trivelin luy confeille d'en emprun-ter au premier venu; il arrive un Marchand yvre qui prend

Arlequin

Arlequin & Trivelin pour ses garçons de Boutique ; le Marchand croyant être dans sa maison, ordonne qu'on le deshabille ; Arlequin & Trivelin luy ôtent ses habits & le couchent au milieu de la rüe, luy faisant acroire qu'il est dans son lit ; la Femme du Marchand descend à la voix de son Mary, & voyant qu'on l'a volé crie au voleur avec ses garçons ; la Nuit representeé par Pantalon, dégringole de son Char au bruit qu'elle entend ; Arlequin après plusieurs lasis les chasse tous à coups de bâton, & commence la Serenade.

LE MARCHAND *yvre,*   le Sieur de la Thorilliere.

SA FEMME,   Mademoiselle Dufresne.

LES GARÇONS DE BOUTIQUE, les Sieurs Fontenai, & de la Thorilliere, fils.

TROISIE'ME ENTRE'E.

ARLEQUIN & POLICHINELLE.
Les Sieurs Dumoulin 2. & Dumoulin 3.

TRIO *d'un* ARLEQUIN, *d'un* POLICHINELLE, & *d'un* SCARAMOUCHE, les Sieurs Mansienne, Tribou, & Dun.

Triomphez charmante brune
    Vos yeux frians
    Sont plus brillans
Que la nuit sans clair de lune.

LE BALLET

SCARAMOUCHE.

A la Déesse des hiboux
On ne voudra plus rendre hommage,
Et les plus amoureux matoux
Dans leur tendre langage
Ne diront qu'à vous.
Miaous.

TOUS TROIS ENSEMBLE.

Miaous, miaous, miaous.

QUATRIE'ME ENTRE'E.

Des Oublieux qui se retiroient rencontrent des Crieurs d'Eau de vie : après s'être fait des presens reciproques de leurs Marchandises, ils se réjoüissent de leur rencontre; pendant qu'ils dansent un Suisse mange leurs oublies & boit leur Eau de vie; ils s'en aperçoivent, & courrent reprendre leurs corbillons & leurs paniers, & font chassés par le Suisse.

OUBLIEUX, les Sieurs Javilliers & Melion.

VENDEURS D'EAU DE VIE, les Sieurs Duval & Maltere

CINQUIE'ME ENTRE'E.

DU SUISSE YVRE AVANT LE JOUR,
qui finit la premiere Partie.

LE SUISSE,   Le Sieur Anthony.

SECONDE PARTIE.
LA MATINÉE.

L'AURORE *paroît sur son Char*,   Mademoiselle Dupré.

A Nuit a fait place à l'Aurore,
Le Soleil qui me suit vient embellir ces lieux,
A son divin aspect mille Fleurs vont éclore.

    Que tout l'Univers adore
    Le plus brillant des Dieux.

PREMIERE ENTRE'E,

D'ARTISANS *& Gens de toutes sortes de métiers, qui s'as-
semblent pour travailler, dès le point du jour.*
CHOEUR D'ARTISANS *qui chantent en travaillant.*

BRaves Guerriers,
Travaillez pour la gloire,
Nous n'envions point vos Lauriers,
    Dans nos métiers
Nous ne travaillons que pour boire.

A R T I S A N S.

Les Sieurs Mansienne, Duchesne, Renier, Tribout, Grenet,
Deshayes, Dun, Lemir, L. Lemir, C. Corbi.

FEMMES D'ARTISANS.

Mesdemoiselles Minier, Antier, C. Julie, Ducoudrai, Catin,
Souris, C. Milon.

SECONDE ENTRE'E,

DE MARECHAUX, le Sieur Dumoulin 4. *seul.*
Les Sieurs Blondi & Marcel.

TROISIE'ME ENTRE'E.

DEUX SAVETIERS, les Sieurs Duval, & Maltere.
DEUX SAVETIERES, Mesdemoiselles la Feriere,
& de Lastre.
ENFANS DE SAVETIERS, le petit Javilliers,
& Mademoiselle Petit.

QUATRIE'ME ENTRE'E.

UN MARINIER, UNE MARINIERE, Le Sieur Laval,
Mademoiselle Corail.

CINQUIE'ME ENTRE'E.
UN BOULANGER, UNE BOULANGERE,
le Sieur Mion, Mademoiselle Rey.

Un Savetier chante en travaillant dans sa Boutique &
fait sifler sa Linotte.

LE SAVETIER,　　　　　le Sieur Mansienne.

SItot que le Cocq chante
　　Je chante aussi.
Du tems passé je n'ay point de souci,
　De l'avenir point d'épouvante:
　Le seul present me contente,
　　　J'en joüis.
Quand le chagrin me tourmente,
　　　Je le fuis:
Quand le plaisir se presente,
　　　Je le fuis.

SIXIE'ME ENTRE'E.

Tous les ARTISANS *ensemble.*

LE POINT DU JOUR, Mademoiselle Antier.

ASTRE naiſſant, brillez, commencez votre cours,
Embrâſez tous les cœurs de vos feux adorables;
  Brillez, puiſſiez-vous toûjours
Répandre en ces climats vos rayons favorables;
  Brillez, puiſſiez-vous toujours
  Nous donner de beaux jours.

LE LEVER DU SOLEIL.

Entrée DES HEURES *du jour.*

L'HEURE DE L'AUDIENCE.
SCENES COMIQUES.

Les Juges s'aſſemblent pour condamner Arlequin, que le Guet a arrêté pendant la nuit. Un Berger Sorcier, ami d'Arlequin, pour le ſauver a enchanté la Salle de l'Audience, de maniere que tous ceux qui s'y trouvent ne peuvent s'empécher de chanter: Arlequin ſur la Scellette ne peut s'en empécher lui-

même. *Les Juges le condamnent en Musique à être pendu. Comme on est prêt de l'envoyer au supplice, le Berger entre dans la Salle de l'Audience, joüant d'une Musette enchantée, dont les charmes contraignent tous les Juges à danser, ce qui donne à Arlequin les moyens de se sauver.*

LE BERGER,   le Sr. Moligny.

LE JUGE,   le Sr. La Thoriliere.

LES CONSEILLERS, Les Sieurs Le Grand, Dangeville, La Thorilliere fils, le Docteur, Pantalon, Scapin, Mario Paquetti.

UN HUISSIER,   Le Sr. Fontenai.

UN AMI DU BERGER,   Trivelin.

TROISIEME PARTIE.
L'APRE'S DISNE'E.

L'HEURE DE MIDY,   Mademoiſelle Julie.

A Mans contens
Soyez conſtans,
Ne changez jamais de demeure,
Etes-vous bien, tenez-vous y,
Et n'allez point chercher midy
A quatorze heures.

PREMIERE

PREMIERE ENTRE'E

De CUISINIERS & de PATISSIERS. Les sieurs
Javillier, Deshayes, Gueret, Duval, Maltere, Lamothe.

LA BONNE CHERE,   le sieur Thevenart.

QUand midy sonne,
Les Gascons ne sont pas au lit:
Son carillon leur donne
De l'apetit.

A l'odeur de la Cuisine
Ils vont piquer les bons repas,
Et leur devise n'est pas
Qui dort dîne.

L'HEURE DU JEU,   Mademoiselle Misnier.

Au tour d'une table ronde

Je rassemble sans choix

Le Prince & le Bourgeois.

On ne peut pas tout à la fois

Contenter tout le monde.

C

L'HEURE DE LA COMEDIE.

Les Comediens François repreſentent une petite Comedie qui a pour titre LES PANIERS; c'eſt une Critique des Modes nouvelles. L'action commence à cinq heures.

ACTEURS DE LA COMEDIE.

MADAME DE PRE'FANE', Mademoiſelle Dubreüil.

ISABELLE *ſa Niéce*,   Mademoiſelle Dangeville.

VALERE *amant d'Iſabelle*,   le ſieur Dufreſne.

SOTINOT *amoureux d'Iſabelle*,   le ſieur Dangeville.

DORINETTE, *filleule de Madame de Préfané*, Mademoiſelle le Grand.

MERLIN *Valet de Valere*,   le ſieur de Moligny.

GUILLAUME *Portier de Madame de Préfané*, le ſieur le Grand.

PIQUEROSSE *cocher de Madame de Prefané*, le ſieur de Fontenay.

Madame VERTUGADIN

Madame FRICFRAC

Marchandes de Paniers,

Mademoiſelle Dufreſne.
Mademoiſelle la Mothe.

Deux petits Laquais.

VAUDEVILLES
de la Comedie Françoife.

Mademoiſelle le Grand.

JE ne ferai point d'autre Amant,
Que Tirçis n'ait d'autre Maîtreſſe ;
M aisje ſuivrai ſon changement ,
S'il trahit jamais ma tendreſſe.
Qu'il en aime deux à la fois ,
Je ne ferai pas incommode ,
Pour un Amant j'en prendrai trois ,
Il faut ſuivre la mode.

Le Sieur Dufreſne.

Iris coëffée en chien barbet ,
Ceſſera bien-tôt de me plaire ;
Quand elle met ſon bagnolet,
Elle reſſemble à ſa grand mere.
Lorſqu'en Amant ſenſé je veux
Blamer cette étrange méthode,
Elle répond faiſant des nœuds,
Il faut ſuivre la mode.

Mademoiselle la Mothe.

Depuis un tems le Magiſtrat
Met d'une galante maniere
En pretintaille ſon rabat,
Son caſtor à la cavaliere :
Nos Juges juſques aux barbons
Ne veulent point ſentir le Code,
Et nous diſent pour leurs raiſons,
   Il faut ſuivre la mode.

Le Sieur Dufreſne.

La Preſidente au tein uſé
A fait recrepir ſon viſage ;
A l'ombre d'un tignon friſé
Elle croit nous cacher ſon âge :
Cette folle avec ſon panier
A l'air du Coloſſe de Rhode,
Et dit pour ſe juſtifier,
   Il faut ſuivre la mode.

Mademoiselle Dufreſne.

Autrefois de ſes blonds cheveux
Celimene faiſoit parure ;
Mais à preſent elle eſt bien mieux,
Ayant mis bas ſa chevelure,

De cent mille brimborions
Sa tête aujourd'hui s'accommode ;
Peut on se passer de ponpons ?
Il faut suivre la mode.

Le Sieur le Grand.

De Manan me voila portier :
Si de même toujours j'avance
Je serai bien-tôt Financier :
Morgué que je ferai bombance ,
Au fond d'un biau carosse assis
Je serai comme un pagode ;
J'oublirai mes meilleurs amis.
Il faut suivre la mode.

SECONDE ENTREE.

T H A L I E ,   Mademoiselle Prevost.

TROISIEME ENTREE.

Des *PETITS MAISTRES & des CLERCS*
DE PROCUREURS siflent Thalie , & la contraignent d'abandonner la Scene.

QUATRIEME ENTRE'E

Les SIFLEURS se réjoüissent d'avoir troublé le Spectacle.

PETITS MAISTRES, les Sieurs Marcel, Laval, & Dupré.

CLERCS DE PROCUREURS, Dumoulin l'ainé, Mion & Dumesnil.

CINQUIE'ME ENTRE'E.

Les SIFLEURS sont chassés par les SAILLIES HEU-REUSES & les FOLIES AGREABLES qui ramenen; Thalie sur la Scene.

FOLIES AGREABLES, Mesdemoiselles Duval, de Rey, la Feriere, de Lastre, Tibert & Roland.

QUATRIE'ME PARTIE.
LA SOIRE'E.

LA MUSE ITALIENNE, le fieur Thevenart.

JE vous amene ici la Troupe Italienne,
  Elle veut à fon tour
  Paroître fur la Scene
  Dans ce charmant féjou.
Mufe françoife fans ombrage
  Souffrez-moi dans ce jour
  Parler votre langage ;
Et que chacun de nous partage
La gloire d'amufer une fi belle Cour

  On aime en tout le changement,
  Aux chagrins le mélange
  Aporte du foulagement :
  Et le plaifir devient tourmens
  A qui jamais n'en change.

Les Comediens Italiens repréfentent une petite Comedi Françoife, qui a pour titre LES BROUILLERIES, ou LE RENDEZ-VOUS NOCTURNE, dont l'Action commence à l'entrée de la nuit.

ACTEURS DE LA COMEDIE.

PANTALON *Oncle de Lelio.*

LELIO *Neveu de Pantalon , Amant de Silvia.*

COURTAUDIN *père de Silvia* , le Sr. Paquetti.

SILVIA *fille de Courtaudin.*

SPINETTE *fuivante de Silvia* , Mademoifelle la Lande.

ARLEQUIN *valet de Lelio.*

SCAPIN *autre valet de Lelio.*

TRIVELIN *valet de Pantalon.*

VAUDEVILLES.

Le sieur Dun.

A porter une rude chaîne,
A languir près d'une Inhumaine,
    Je n'entends rien :
Trop de résistance m'étonne,
Mais quand l'Heure du Berger sonne,
    Je l'entends bien.

Arlequin.

Qu'à coups redoublés l'on m'éveille,
Pour mes creanciers je sommeille,
    Je n'entens rien :
Quand c'est de l'argent qu'on m'aporte,
Pour peu que l'on grate à ma porte,
    Je l'entens bien.